防范化解重大风险丛书

坚持底线思维
着力防范化解重大风险

马宝成　吕洪业◎等著

国家行政学院出版社
NATIONAL ACADEMY OF GOVERNANCE PRESS
·北京·

图书在版编目（CIP）数据

坚持底线思维着力防范化解重大风险 / 马宝成等著 . --北京：国家行政学院出版社，2020. 10
(2023. 3 重印)
(防范化解重大风险丛书)
ISBN 978-7-5150-2487-5

Ⅰ. ①坚…　Ⅱ. ①马…　Ⅲ. ①中国共产党-思想政治教育-学习参考资料　Ⅳ. ①D261. 1

中国国家版本馆 CIP 数据核字（2023）第 016527 号

书　　名	坚持底线思维着力防范化解重大风险 JIANCHI DIXIAN SIWEI ZHUOLI FANGFAN HUAJIE ZHONGDA FENGXIAN
作　　者	马宝成　吕洪业　等著
责任编辑	王　莹　李瑞琪
出版发行	国家行政学院出版社 (北京市海淀区长春桥路 6 号　100089)
综 合 办	(010) 68928903
发 行 部	(010) 68922366　68928870
经　　销	新华书店
印　　刷	北京中科印刷有限公司
版　　次	2020 年 10 月北京第 1 版
印　　次	2023 年 3 月北京第 3 次印刷
开　　本	170 毫米×240 毫米　16 开
印　　张	11. 75
字　　数	146 千字
定　　价	42. 00 元

本书如有印装问题，可联系调换，联系电话：(010) 68929022

《防范化解重大风险丛书》编委会

坚持以新时代中国特色社会主义思想为指导，全面贯彻落实党的十九大和十九届二中、三中全会精神，深刻认识和准确把握外部环境的深刻变化和我国改革发展稳定面临的新情况新问题新挑战，坚持底线思维，增强忧患意识，提高防控能力，着力防范化解重大风险，保持经济持续健康发展和社会大局稳定，为决胜全面建成小康社会、夺取新时代中国特色社会主义伟大胜利、实现中华民族伟大复兴的中国梦提供坚强保障。

——习近平

坚持底线思维，
着力防范化解重大风险*

习近平

2019年1月21日

坚持以新时代中国特色社会主义思想为指导，全面贯彻落实党的十九大和十九届二中、三中全会精神，深刻认识和准确把握外部环境的深刻变化和我国改革发展稳定面临的新情况新问题新挑战，坚持底线思维，增强忧患意识，提高防控能力，着力防范化解重大风险，保持经济持续健康发展和社会大局稳定，为决胜全面建成小康社会、夺取新时代中国特色社会主义伟大胜利、实现中华民族伟大复兴的中国梦提供坚强保障。

当前，我国形势总体上是好的，党中央领导坚强有力，全党"四个意识"、"四个自信"、"两个维护"显著增强，意识形态领域态势积极健康向上，经济保持着稳中求进的态势，全国各族人民同心同德、斗志昂扬，社会大局保持稳定。

面对波谲云诡的国际形势、复杂敏感的周边环境、艰巨繁重的改革发展稳定任务，我们必须始终保持高度警惕，既要高度警惕"黑天鹅"事件，也要防范"灰犀牛"事件；既要有防范风险的先手，也要有应对和化解风险挑战的高招；既要打好

---

* 这是习近平在省部级主要领导干部坚持底线思维着力防范化解重大风险专题研讨班开班式上的讲话要点。《习近平谈治国理政》第3卷，外文出版社2020年版，第219页。

防范和抵御风险的有准备之战，也要打好化险为夷、转危为机的战略主动战。

各级党委和政府要坚决贯彻总体国家安全观，落实党中央关于维护政治安全的各项要求，确保我国政治安全。要持续巩固壮大主流舆论强势，加大舆论引导力度，加快建立网络综合治理体系，推进依法治网。要高度重视对青年一代的思想政治工作，完善思想政治工作体系，不断创新思想政治工作内容和形式，教育引导广大青年形成正确的世界观、人生观、价值观，增强中国特色社会主义道路、理论、制度、文化自信，确保青年一代成为社会主义建设者和接班人。

当前我国经济形势总体是好的，但经济发展面临的国际环境和国内条件都在发生深刻而复杂的变化，推进供给侧结构性改革过程中不可避免会遇到一些困难和挑战，经济运行稳中有变、变中有忧，我们既要保持战略定力，推动我国经济发展沿着正确方向前进；又要增强忧患意识，未雨绸缪，精准研判、妥善应对经济领域可能出现的重大风险。各地区各部门要平衡好稳增长和防风险的关系，把握好节奏和力度。要稳妥实施房地产市场平稳健康发展长效机制方案。要加强市场心理分析，做好政策出台对金融市场影响的评估，善于引导预期。要加强市场监测，加强监管协调，及时消除隐患。要切实解决中小微企业融资难融资贵问题，加大援企稳岗力度，落实好就业优先政策。要加大力度妥善处理“僵尸企业”处置中启动难、实施难、人员安置难等问题，加快推动市场出清，释放大量沉淀资源。各地区各部门要采取有效措施，做好稳就业、稳金融、稳外贸、稳外资、稳投资、稳预期工作，保持经济运行在合理区间。

科技领域安全是国家安全的重要组成部分。要加强体系建设和能力建设，完善国家创新体系，解决资源配置重复、科研力量分散、创新主体功能定位不清晰等突出问题，提高创新体系整体效能。要加快补短板，建立自主创新的制度机制优势。要加强重大创新领域战略研判和前瞻部署，抓紧布局国家实验室，重组国家重点实验室体系，建设重大创新基地和创新平台，完善产学研协同创新机制。要强化事关国家安全和经济社会发展全局的重大科技任务的统筹组织，强化国家战略科技力量建设。要加快科技安全预警监测体系建设，围绕人工智能、基因编辑、医疗诊断、自动驾驶、无人机、服务机器人等领域，加快推进相关立法工作。

维护社会大局稳定，要切实落实保安全、护稳定各项措施，下大气力解决好人民群众切身利益问题，全面做好就业、教育、社会保障、医药卫生、食品安全、安全生产、社会治安、住房市场调控等各方面工作，不断增加人民群众获得感、幸福感、安全感。要坚持保障合法权益和打击违法犯罪两手都要硬、都要快。对涉众型经济案件受损群体，要坚持把防范打击犯罪同化解风险、维护稳定统筹起来，做好控赃控人、资产返还、教育疏导等工作。要继续推进扫黑除恶专项斗争，紧盯涉黑涉恶重大案件、黑恶势力经济基础、背后“关系网”、“保护伞”不放，在打防并举、标本兼治上下功夫。要创新完善立体化、信息化社会治安防控体系，保持对刑事犯罪的高压震慑态势，增强人民群众安全感。要推进社会治理现代化，坚持和发展“枫桥经验”，健全平安建设社会协同机制，从源头上提升维护社会稳定能力和水平。

当前，世界大变局加速深刻演变，全球动荡源和风险点增多，我国外部环境复杂严峻。我们要统筹国内国际两个大局、发展安全两件大事，既聚焦重点、又统揽全局，有效防范各类风险连锁联动。要加强海外利益保护，确保海外重大项目和人员机构安全。要完善共建“一带一路”安全保障体系，坚决维护主权、安全、发展利益，为我国改革发展稳定营造良好外部环境。

党的十八大以来，我们以自我革命精神推进全面从严治党，清除了党内存在的严重隐患，成效是显著的，但这并不意味着我们就可以高枕无忧了。党面临的长期执政考验、改革开放考验、市场经济考验、外部环境考验具有长期性和复杂性，党面临的精神懈怠危险、能力不足危险、脱离群众危险、消极腐败危险具有尖锐性和严峻性，这是根据实际情况作出的大判断。全党要增强“四个意识”、坚定“四个自信”、做到“两个维护”，自觉在思想上政治上行动上同党中央保持高度一致，自觉维护党的团结统一，严守党的政治纪律和政治规矩，始终保持同人民的血肉联系。中华民族正处在伟大复兴的关键时期，我们的改革发展正处在克难攻坚、闯关夺隘的重要阶段，迫切需要锐意进取、奋发有为、关键时顶得住的干部。党的十八大以来，我们取得了反腐败斗争压倒性胜利，但反腐败斗争还没有取得彻底胜利。反腐败斗争形势依然严峻复杂，零容忍的决心丝毫不能动摇，打击腐败的力度丝毫不能削减，必须以永远在路上的坚韧和执着，坚决打好反腐败斗争攻坚战、持久战。

防范化解重大风险，是各级党委、政府和领导干部的政治职责，大家要坚持守土有责、守土尽责，把防范化解重大风险工作做实做细做好。要强化风险意识，常观大势、常思大局，科学预见形势发展走势和隐藏其中的风险挑战，做到未雨绸缪。

要提高风险化解能力，透过复杂现象把握本质，抓住要害、找准原因，果断决策，善于引导群众、组织群众，善于整合各方力量、科学排兵布阵，有效予以处理。领导干部要加强理论修养，深入学习马克思主义基本理论，学懂弄通做实新时代中国特色社会主义思想，掌握贯穿其中的辩证唯物主义的世界观和方法论，提高战略思维、历史思维、辩证思维、创新思维、法治思维、底线思维能力，善于从纷繁复杂的矛盾中把握规律，不断积累经验、增长才干。要完善风险防控机制，建立健全风险研判机制、决策风险评估机制、风险防控协同机制、风险防控责任机制，主动加强协调配合，坚持一级抓一级、层层抓落实。

防范化解重大风险，需要有充沛顽强的斗争精神。领导干部要敢于担当、敢于斗争，保持斗争精神、增强斗争本领，年轻干部要到重大斗争中去真刀真枪干。各级领导班子和领导干部要加强斗争历练，增强斗争本领，永葆斗争精神，以“踏平坎坷成大道，斗罢艰险又出发”的顽强意志，应对好每一场重大风险挑战，切实把改革发展稳定各项工作做实做好。

目录

导　言

党中央高度重视防范化解重大风险。党的十八大以来，面对波谲云诡、错综复杂的国际形势、艰巨繁重的改革发展稳定任务，习近平总书记从全局和战略高度，就为什么要防范化解重大风险、防范化解哪些重大风险、如何防范化解重大风险等重大问题作了一系列重要论述，深刻回答了防范化解重大风险的方向性、根本性、战略性问题。

防范化解重大风险是事关中华民族伟大复兴的全局性、系统性工程。进入新时代，习近平总书记对坚持总体国家安全观、健全公共安全体系、防灾减灾救灾、统筹发展和安全、推进应急管理体系和能力现代化等作出了重大部署安排，为我们防范化解重大风险提供了根本遵循和行动指南。

2019 年 1 月 21 日，习近平总书记在省部级主要领导干部坚持底线思维防范化解重大风险专题研讨班开班式上发表重要讲话强调，深刻认识和准确把握外部环境的深刻变化和我国改革发展稳定面临的新情况新问题新挑战，坚持底线思维，增强忧患意识，提高防控能力，着力防范化解重大风险，保持经济持续健康发展和社会大局稳定，为决胜全面建成小康社会、夺取新时代中国特色社会主义伟大胜利、实现中华民族伟大复兴的中国梦提供坚强保障。习近平总书记重点就防范化解政治、意识形态、经济、科技、社会、外部环境、党的建设等领域重大风险作出深刻分析、提出明确要求。他强调，面对波谲云诡的国际形势、复杂敏感的周边环境、艰巨繁重的改革发展稳定任务，我们必须始终保持高度警惕，既要高度警惕“黑天鹅”事件，也要防范“灰犀牛”事件；既要有防范风险的先手，也要有应对和化解风险挑战的高招；既要打好防范和抵御风险的有准备之战，也要打好化险为夷、转危为机的战略主动战。

当前和今后一个时期，要防范化解政治领域重大风险，确保政治安全。主权安全、政权安全、制度安全和意识形态安全是政治安全的核心。维护主权安全必须解决好大国关系、周边关系的不确定性给我国主权带来的影响。同时，必须重点防范“台独”等分裂势力对我国主权的影响。颜色革命是我国政权安全、制度安全面临的重大风险，必须严加防范、有效化解。必须高度重视网络安全和青年一代的思想政治教育，这是维护意识形态安全的重要内容。要防范化解经济领域重大风险、确保经济安全，必须防范化解中美贸易摩擦、金融、房地产、政府债务、人口老龄化、社会分化等领域的风险，切实维护这些领域的安全。要防范化解科技领域重大风险、确保科技安全，要彻底扭转关键核心技术受制于人的被动局面，必须加快补齐在工业制造、信息技术、材料、航空航天、海洋、生物医药等领域的核心技术方面的短板，有效维护科技安全。要防范化解社会领域重大风险，继续打击涉及面广、影响面大的涉众型经济案件，加快社会治安防控体系建设，深入推进扫黑除恶专项斗争，确保社会安全。要防范化解外部环境重大风险，确保海外利益、机构和人员安全。

目前，各类突发事件处于易发多发期，我国公共安全形势比较严峻。从自然灾害看，我国是世界上自然灾害最为严重的国家之一，灾害种类多，分布地域广，发生频率高，造成损失重。地震、地质灾害、洪涝、干旱、极端天气事件、森林草原火灾等时有发生。要不断总结经验、落实责任、完善体系、整合资源、统筹力量，提高全民防灾抗灾意识，全面提高防灾减灾救灾能力。在安全生产方面，危险化学品等行业重大事故时有发生，危及公众生命、健康和财产安全。城市安全特别是特大城市、超大城市的安全形势更为严峻。在公共卫生方面，鼠疫、霍乱等法定报告传染病以及生物技术误用滥用谬用带来的生物安全风险加大。当前新冠肺炎疫情防控尽管已经取得重大战略成果，但随着疫情的全球蔓延，人类面临的防控形势依然严峻。在社会安全领域，诱发群体性事件因素增多，在预防和化解社会矛盾、社会治安防控体系建设方面面临很大挑战。特别是在市场化、信息化、城镇化、全球化形势下，不同类型突发事件的关联性、衍生性、复合性也明显增强，加大了应急处置难度。对此必须高度警惕、严密防范、有效化解，切实维护公共安全和国家安全，确保人民群众的获得感、幸福感、安全感。

世界百年未有之大变局加速演进，国内改革发展稳定任务艰巨繁重。我们党要团结带领人民有效应对重大挑战、抵御重大风险、克服重大阻力、解决重大矛盾，必须进行具有许多新的历史特点的伟大斗争，任何贪图享受、消极懈怠、回避矛盾的思想和行为都是错误的。全党要充分认识这场伟大斗争的长期性、复杂性、艰巨性，发扬斗争精神，提高斗争本领，不断夺取伟大斗争新胜利。

第一章　坚持总体国家安全观着力防范化解重大风险

坚持总体国家安全观是新时代坚持和发展中国特色社会主义基本方略之一。增强忧患意识，做到居安思危，是我们党治国理政的一个重大原则。2019 年 1 月 21 日，习近平总书记在省部级主要领导干部坚持底线思维着力防范化解重大风险专题研讨班开班式上的重要讲话，深刻分析了我国改革发展稳定面临的新情况新问题新挑战，对着力防范化解重大风险、保持经济持续健康发展和社会大局稳定提出了明确要求，为我们切实做好防范化解政治、意识形态、经济、科技、社会、外部环境、党的建设等领域重大风险各项工作指明了前进方向、提供了重要遵循。在决胜全面建成小康社会的关键时期，面对百年未有之大变局的各种风险和挑战，我们必须坚持底线思维，科学预见研判各个领域重大风险，不断提高防范化解重大风险能力，有效维护国家安全。

党的十八大以来，党中央高度重视国家安全工作，全面践行国家安全观取得重大进展。主要有：成立中央国家安全委员会，不断健全完善国家安全体制机制；提出总体国家安全观，推进国家安全理论创新；制定相关国家安全法律制度，推进国家安全法治建设；制定《国家安全战略纲要》，完善国家安全战略；深入开展国家安全宣传教育，切实增强全民国家安全意识。在这一过程中，始终把防范化解重大风险作为践行总体国家安全观的重大举措，既注重预防在前、关口前移，常观大势、常思大局，科学预见形势发展走势和隐藏其中的风险挑战，做到未雨绸缪，从源头上防范重大风险；又注重不断整合各方力量，科学排兵布阵，提高风险化解能力，在实际工作中化解重大风险。面向未来，我们在前进道路上防范化解重大风险任务依然十分艰巨，必须把防范化解重大风险做实做细做好，切实有效维护国家安全，为全面建成小康社会、实现中华民族伟大复兴的中国梦提供安全环境保障。

一、始终把着力防范化解重大风险贯穿于维护总体国家安全的全过程

2004 年 9 月，党的十六届四中全会审议通过的《中共中央关于加强党的执政能力建设的决定》首次提出“完善国家安全战略”；2007 年 10 月，党的十七大提出“健全国家安全体制”；2012 年 11 月，党的十八大提出“完善国家安全战略和工作机制”。这表明党中央把探索建立健全国家安全体制机制提上议事日程。

党的十八大以来，党中央高度重视国家安全工作，推动国家安全工作在制度、法治、方略、工作举措上取得了新的明显进展。2013 年 11 月，党的十八届三中全会提出了“设立国家安全委员会，完善国家安全体制和国家安全战略，确保国家安全”。2014 年 1 月 24 日，中央国家安全委员会正式成立，习近平总书记任主席。2014 年 4 月 15 日，十八届中央国家安全委员会第一次会议召开，习近平总书记首次全面论述了“总体国家安全观”。2014 年 4 月 25 日，十八届中共中央政治局就切实维护国家安全和社会安定进行第十四次集体学习。2017 年 10 月 18 日，党的十九大召开，坚持总体国家安全观成为新时代中国特色社会主义基本方略之一。2018 年 4 月 17 日，在十九届中央国家安全

委员会第一次会议上，习近平总书记强调，要加强党对国家安全工作的集中统一领导，正确把握当前国家安全形势，全面贯彻落实总体国家安全观，努力开创新时代国家安全工作新局面，为实现“两个一百年”奋斗目标、实现中华民族伟大复兴的中国梦提供牢靠安全保障。

可以看出，党的十八大以来，国家安全得到前所未有的高度关注，工作进程明显加快，在领导体制、工作机制、思想理论、法治建设和宣传教育等方面取得巨大成就。总体国家安全观成为习近平新时代中国特色社会主义思想的重要组成部分，成为新时代中国特色社会主义基本方略之一。在总体国家安全观形成过程中，防范化解重大风险始终贯穿于其中。

2014 年 4 月 15 日，在十八届中央国家安全委员会第一次会议上，习近平总书记指出：“当前我国国家安全内涵和外延比历史上任何时候都要丰富，时空领域比历史上任何时候都要宽广，内外因素比历史上任何时候都要复杂，必须坚持总体国家安全观，以人民安全为宗旨，以政治安全为根本，以经济安全为基础，以军事、文化、社会安全为保障，以促进国际安全为依托，走出一条中国特色国家安全道路。”①

2014 年 4 月 25 日，在十八届中共中央政治局第十四次集体学习时习近平总书记强调：“必须清醒地看到，新形势下我国国家安全和社会安定面临的威胁和挑战增多，特别是各种威胁和挑战联动效应明显。我们必须保持清醒头脑、强化底线思维，有效防范、管理、处理国家安全风险，有力应对、处置、化解社会安定挑战。”②

2017 年 2 月 17 日，习近平总书记在主持召开国家安全工作座谈

① 《坚持总体国家安全观　走中国特色国家安全道路》，《人民日报》2014 年 4 月 16 日。

② 《切实维护国家安全和社会安定　为实现奋斗目标营造良好社会环境》，《人民日报》2014 年 4 月 27 日。

会时指出："认清国家安全形势，维护国家安全，要立足国际秩序大变局来把握规律，立足防范风险的大前提来统筹，立足我国发展重要战略机遇期大背景来谋划。"①

党的十九大把坚持总体国家安全观作为新时代中国特色社会主义基本方略之一，明确提出：统筹发展和安全，增强忧患意识，做到居安思危，是我们党治国理政的一个重大原则。

2018 年 4 月 17 日，习近平总书记在十九届中央国家安全委员会第一次会议上强调："前进的道路不可能一帆风顺，越是前景光明，越是要增强忧患意识，做到居安思危，全面认识和有力应对一些重大风险挑战。要聚焦重点，抓纲带目，着力防范各类风险挑战内外联动、累积叠加，不断提高国家安全能力。"②

习近平总书记站在新时代党和国家事业发展的全局高度，在不同重要场合多次强调防范、管理、处理、化解、应对重大风险挑战对于国家安全的极端重要性，防范化解重大风险成为坚持总体国家安全观的重要内容。

二、始终围绕总体国家安全的重点领域着力防范化解重大风险

党的十八大以来，总体国家安全观的主要领域不断拓宽，从一开始的 11 个主要领域增加到现在的 12 个主要领域和 4 个新兴领域。2014 年 4 月 15 日，在十八届中央国家安全委员会第一次会议上，习近平总书记首次论述总体国家安全时，重点论述了 11 个领域的安全，包括政治安全、国土安全、军事安全、经济安全、文化安全、社会安

---

① 《牢固树立认真贯彻总体国家安全观　开创新形势下国家安全工作新局面》，《人民日报》2017 年 2 月 18 日。

② 《全面贯彻落实总体国家安全观　开创新时代国家安全工作新局面》，《人民日报》2018 年 4 月 18 日。

全、科技安全、网络安全、生态安全、资源安全、核安全。随着工作进程加快，总体国家安全涉及的主要领域也不断拓宽。2015 年 7 月 1 日实施的《中华人民共和国国家安全法》（以下简称《国家安全法》）在 11 个领域安全的基础上，增加了海外利益安全内容。《国家安全法》第三十三条规定："国家依法采取必要措施，保护海外中国公民、组织和机构的安全和正当权益，保护国家的海外利益不受威胁和侵害。"总体国家安全的主要领域由原来的 11 个扩展到 12 个。除此之外，《国家安全法》还增加了 4 个新型领域安全的内容，即太空安全、深海安全、极地安全和生物安全。《国家安全法》第三十二条规定："国家坚持和平探索和利用外层空间、国际海底区域和极地，增强安全进出、科学考察、开发利用的能力，加强国际合作，维护我国在外层空间、国际海底区域和极地的活动、资产和其他利益的安全。"至此，形成了总体国家安全"12＋4"的整体框架。"12"包括政治安全、国土安全、军事安全、经济安全、文化安全、社会安全、科技安全、网络安全、生态安全、资源安全、核安全、海外利益安全；"4"包括太空安全、深海安全、极地安全和生物安全。

在上述国家安全主要领域的拓宽过程中，我们始终把着力防范化解政治、国土、军事、经济、文化、社会、科技、网络、生态、资源、核、海外利益等领域的重大风险，作为有效维护国家安全的主要内容。同时，从国家长治久安的战略和全局高度，部署防范化解太空、深海、极地、生物四个新型领域的潜在风险，维护这四个新兴领域的国家安全。比如，在强调如何维护政治安全时，习近平总书记指出："全党同志必须在思想上真正明确，党的执政地位和领导地位并不是自然而然就能长期保持下去的，不管党、不抓党就有可能出问题甚至出大问题，结果不只是党的事业不能成功，还有亡党亡国的危险。"① 在论述如何

① 中共中央党史和文献研究院编：《习近平关于总体国家安全观论述摘编》，中央文献出版社 2018 年版，第 30—31 页。

维护经济安全时，习近平总书记强调："当前，金融风险易发高发，虽然系统性风险总体可控，但不良资产风险、流动性风险、债券违约风险、影子银行风险、外部冲击风险、房地产泡沫风险、政府债务风险、互联网金融风险等正在累积，金融市场上也乱象丛生。金融风险有的是长期潜伏的病灶，隐藏得很深，但可能爆发在一瞬之间。美国次贷危机爆发就是一夜之间的事情。如果我们将来出大问题，很可能就会在这个领域出问题，这一点要高度警惕。"① 在强调如何维护网络安全时，习近平总书记指出："从世界范围看，网络安全威胁和风险日益突出，并日益向政治、经济、文化、社会、生态、国防等领域传导渗透。特别是国家关键信息基础设施面临较大风险隐患，网络安全防控能力薄弱，难以有效应对国家级、有组织的高强度网络攻击。这对世界各国都是一个难题，我们当然也不例外。"②

在省部级主要领导干部坚持底线思维着力防范化解重大风险专题研讨班开班式上，习近平总书记重点围绕防范化解政治、意识形态、经济、科技、社会、外部环境、党的建设等领域重大风险作出深刻分析、提出明确要求，根本目的就是如何有效维护这些重要领域的安全。比如，在分析我国经济形势时，他强调要增强忧患意识，未雨绸缪，精准研判、妥善应对经济领域可能出现的重大风险；在谈到科技领域安全时，他指出要解决资源配置重复、科研力量分散、创新主体功能定位不清晰等突出问题，加快补短板；在分析我国外部环境时，他指出要既聚焦重点，又统揽全局，有效防范各类风险连锁联动；在谈到全面从严治党时，他肯定了清除党内存在的严重隐患成效显著，更强调"这并不意味着我们就可以高枕无忧"；等等。

---

① 中共中央党史和文献研究院编：《习近平关于总体国家安全观论述摘编》，中央文献出版社 2018 年版，第 92—93 页。

② 中共中央党史和文献研究院编：《习近平关于总体国家安全观论述摘编》，中央文献出版社 2018 年版，第 172 页。

三、防范化解重大风险是有效维护国家安全的重大举措

（一）防范化解政治领域重大风险

政治安全攸关党和国家安危，核心是主权安全、政权安全、制度安全和意识形态安全。党的十九大报告指出：以政治安全为根本。政治安全与其他领域的安全息息相关，“经济、社会、网络、军事等领域安全的维系，最终都需要政治安全为前提条件；其他领域的安全问题，也会反作用于政治安全”。① 我国主权安全及其面临的风险，首先是大国关系（中美关系）不确定性带来的影响。随着中国的崛起，中国与西方大国尤其是与美国之间的结构性矛盾开始凸显。遏制与反遏制攸关中国主权安全。其次是周边关系。我国有多个邻国，与十几个国家国土接壤，历史上周边国家与中国有过领土争端。因此，我国周边安全形势最复杂。再次是“台独”“港独”“疆独”等分裂势力对我国主权的影响。“颜色革命”是我国政权、制度和意识形态领域面临的风险，必须严加防范、有效化解。在 2019 年 1 月 21 日的重要讲话中，习近平总书记把意识形态安全单列出来，加以重点论述。他突出强调两点：网络和青年。从当前来看，意识形态斗争的主阵地在网络，而网络的主体受众是青年。现在很多境内外势力都在想方设法通过网络培养他们的价值观的认同者，甚至培养对现有政权的反对者、颠覆者。所以要防范化解意识形态风险，必须高度重视青年一代的思想政治教育，引导广大青年形成正确的世界观、价值观、人生观，确保青年一代成为社会主义建设者和接班人。

---

① 《总体国家安全观干部读本》编委会编著：《总体国家安全观干部读本》，人民出版社 2016 年版，第 80 页。

（二）防范化解经济领域重大风险

习近平总书记指出："各地区各部门要平衡好稳增长和防风险的关系，把握好节奏和力度。"① 当前，中美贸易摩擦、金融、房地产、政府债务、产业转型、人口老龄化、社会分化等诸多领域的风险点多，影响面广且相互叠加，传导机制复杂。如果应对不当，将对我国经济社会发展形成较大干扰和冲击。在经济安全领域，当前我们需要重点关注以下重大风险：一是中美贸易摩擦升级风险；二是房地产投资在资金趋紧和土地购置需求减弱的共同作用下面临失速风险；三是由于地方政府举债约束机制不健全，地方通过融资平台、政府和社会资本合作（PPP）、产业基金等变相举债，隐性债务不断积累的风险；四是金融机构资产质量恶化、中小金融机构经营风险明显增大和债券违约等风险。

（三）防范化解科技领域重大风险

习近平总书记强调："要加快补短板，建立自主创新的制度机制优势。要加强重大创新领域战略研判和前瞻部署，抓紧布局国家实验室，重组国家重点实验室体系，建设重大创新基地和创新平台，完善产学研协同创新机制。要强化事关国家安全和经济社会发展全局的重大科技任务的统筹组织，强化国家战略科技力量建设。"② 当前，中国的核心技术短板主要体现在六个方面：工业制造、信息技术、材料、航空航天、海洋、生物医药。要加快补齐关键核心技术的突出短板，彻底扭转关键核心技术受制于人的被动局面。

---

① 《提高防控能力着力防范化解重大风险　保持经济持续健康发展社会大局稳定》，《人民日报》2019 年 1 月 22 日。

② 《提高防控能力着力防范化解重大风险　保持经济持续健康发展社会大局稳定》，《人民日报》2019 年 1 月 22 日。

（四）防范化解社会领域重大风险

习近平总书记指出："全面做好就业、教育、社会保障、医药卫生、食品安全、安全生产、社会治安、住房市场调控等各方面工作，不断增加人民群众获得感、幸福感、安全感。"① 当前，在防范社会重大风险方面，一是要继续防范打击涉众型经济案件。2017 年以来，"全国公安机关会同相关行政监管和司法机关，先后查处了'善心汇''钱宝''善林金融''云联惠'等一大批全国性重特大案件，相继组织开展了'猎狐行动'和打击非法集资、网络传销、地下钱庄犯罪等系列专项行动，共破获各类经济犯罪案件 9 万余起，挽回直接经济损失上千亿元"。② 二是要深入推进扫黑除恶专项斗争，持续高压严打、依法严惩，坚决惩治涉黑涉恶腐败及其"保护伞"，铲除黑恶势力滋生蔓延土壤。三是针对我国社会治安形势出现的新情况新特点，黄赌毒黑拐骗等违法犯罪活动成为突出的社会治安问题，加快社会治安防控体系建设。

（五）防范化解外部环境重大风险

习近平总书记强调："当前，世界大变局加速深刻演变，全球动荡源和风险点增多，我国外部环境复杂严峻。……要加强海外利益保护，确保海外重大项目和人员机构安全。"③ 近年来，海外安全事件频发，仅 2017 年外交部和中国驻外使领馆处理的领事保护与协助案件就达 7 万起，涉及中方人员死亡的案件超过 500 起，全年在

---

① 《提高防控能力着力防范化解重大风险　保持经济持续健康发展社会大局稳定》，《人民日报》2019 年 1 月 22 日。

② 《公安机关打击涉众型经济犯罪十大典型案件公布》，人民网，http：//legal. people. com. cn/n1/2018/0515/c42510－29992258. html。

③ 《提高防控能力着力防范化解重大风险　保持经济持续健康发展大局稳定》，《人民日报》2019 年 1 月 22 日。

海外意外身亡的中国公民高达 695 人。其中，各类旅游活动安全事故导致 182 名中国公民意外身亡。因此，必须高度重视我国海外重大项目、驻外机构和人员安全，确保国家利益、企业利益和个人利益安全。

（六）防范化解党的建设领域重大风险

习近平总书记指出："党的十八大以来，我们以自我革命精神推进全面从严治党，清除了党内存在的严重隐患，成效是显著的，但这并不意味着我们就可以高枕无忧了。……我们取得了反腐败斗争压倒性胜利，但反腐败斗争还没有取得彻底胜利。反腐败斗争形势依然严峻复杂，零容忍的决心丝毫不能动摇，打击腐败的力度丝毫不能削减，必须以永远在路上的坚韧和执着，坚决打好反腐败斗争攻坚战、持久战。"①

四、防范化解重大风险必须坚持底线思维

（一）坚持底线思维是我们党的治国理政的重大原则

在新民主主义革命时期，毛泽东同志在党的七大上作报告时指出："许多事情是意料不到的，但是一定要想到，尤其是我们的高级负责干部要有这种精神准备，准备对付非常的困难，对付非常的不利情况。"② 后来他又说："凡事要设想一切可能的困难，……只有对这一切预先想透，有了充分精神准备，并使干部有此种准备，然后才能想出克服困难的办法，走向光明的前途。"③

在改革开放初期，邓小平同志在 20 世纪 80 年代中期就指出："改

---

① 《提高防控能力着力化解重大风险　保持经济持续健康发展社会大局稳定》，《人民日报》2019 年 1 月 22 日。

② 中共中央文献研究室编：《毛泽东文集》第 3 卷，人民出版社 1996 年版，第 392 页。

③ 中共中央文献研究室编：《毛泽东文集》第 3 卷，人民出版社 1996 年版，第 445 页。

革没有万无一失的方案，问题是要搞得比较稳妥一些，选择的方式和时机要恰当。……我们要把工作的基点放在出现较大的风险上，准备好对策。这样，即使出现了大的风险，天也不会塌下来。”①

进入新时代，习近平总书记一以贯之强调底线思维。2014 年 4 月 25 日，在十八届中共中央政治局第十四次集体学习时，他指出：“‘安而不忘危，存而不忘亡，治而不忘乱。’同时，必须清醒地看到，新形势下我国国家安全和社会安定面临的威胁和挑战增多，特别是各种威胁和挑战联动效应明显。我们必须保持清醒头脑、强化底线思维，有效防范、管理、处理国家安全风险，有力应对、处置、化解社会安定挑战。”② 在其他不同重要场合，习近平总书记也多次强调坚持底线思维的重要性，要善于运用底线思维的方法，凡事从坏处准备，努力争取最好的结果，做到有备无患，遇事不慌，牢牢把握主动权。党的十九大报告指出：增强忧患意识，做到居安思危，是我们党治国理政的一个重大原则。

（二）坚持底线思维是防范化解重大风险的科学方法

底线思维强调“立足最低点，争取最大期望值”，把功夫下在平时，把精力倾注在基层，随时做好出点事、出大事的思想准备、工作准备，宁可备而不用，不可临时抱佛脚。着眼最严峻最复杂局面，深入研究突发事件发生发展的动态演化规律，以问题为导向，提出突发事件防范及应急能力建设需求，有针对性地做好各项应急准备，牢牢把握主动权。在所有有关防范化解重大风险维护国家安全的论述中，习近平总书记特别强调坚持底线思维这一科学方法。比如：在社会安全领域，昆明“3·01”严重暴力恐怖事件发生后，习近平总书记作出

① 《邓小平文选》第 3 卷，人民出版社 1993 年，第 267 页。

② 《切实维护国家安全和社会安定　为实现奋斗目标营造良好社会环境》，《人民日报》2014 年 4 月 27 日。

重要指示，强调要深刻认识反恐形势的严峻性复杂性，强化底线思维，以坚决态度、有力措施，严厉打击各种暴力恐怖犯罪活动，全力维护社会稳定，保障人民群众生命财产安全。在自然灾害领域，习近平总书记在纪念唐山地震40周年重要讲话时强调，我们国家防灾减灾任务还很重，大家一定不要抱侥幸心理，一定要有充分准备，宁愿十防九空。在军事安全领域，习近平总书记在视察军委联合作战指挥中心时的讲话指出："我国正处在由大向强发展的关键阶段，前景十分光明，挑战也十分严峻，中华民族伟大复兴绝不是轻轻松松、敲锣打鼓就能实现的。军事斗争是进行伟大斗争的重要方面，打赢能力是维护国家安全的战略能力。全军要强化忧患意识、危机意识、打仗意识，全部心思向打仗聚焦，各项工作向打仗用劲，尽快把备战打仗能力搞上去。"①

（三）坚持底线思维要高度警惕"黑天鹅"事件和"灰犀牛"事件

习近平总书记强调："面对波谲云诡的国际形势、复杂敏感的周边环境、艰巨繁重的改革发展稳定任务，我们必须始终保持高度警惕，既要高度警惕'黑天鹅'事件，也要防范'灰犀牛'事件；既要有防范风险的先手，也要有应对和化解风险挑战的高招；既要打好防范和抵御风险的有准备之战，也要打好化险为夷、转危为机的战略主动战。"②"黑天鹅"事件是指发生概率小、造成损失巨大的重大风险事件。"灰犀牛"事件是指发生概率大、潜在损失巨大的重大风险事件。高度警惕"黑天鹅"事件和"灰犀牛"事件，要求我们必须把风险意识提高到重要位置。坚持做到"不忽视一个风险，不放过一个隐患"，对重大风险进行全面梳理和排查，抓住要害，找准原因，果断决策，

① 中共中央党史和文献研究院编：《习近平关于总体国家安全观论述摘编》，中央文献出版社2018年版，第68页。

② 《提高防控能力着力化解重大风险　保持经济持续健康发展社会大局稳定》，《人民日报》2019年1月22日。

有效处置。始终防范习以为常却蕴含重大风险的“灰犀牛”事件。经常发生的小事件常常被人们忽视，但其中往往蕴藏着重大风险，对此必须高度警惕。安全科学理论中的海恩法则认为，每一起严重事故的背后，必然有 29 次轻微事故、300 起未遂先兆以及 1000 起事故隐患。领导干部要善于从征兆和苗头中发现蕴含的重大风险，从而严加防范和管理；要善于从习以为常的小事件中总结和分析，举一反三，防范重大风险，努力做到发现在早、处置在小；要善于把握重大风险演变过程中量变与质变的关系，防止小风险向重大风险演化。

第二章 防范化解政治领域重大风险

习近平总书记指出："我们面临的重大风险，既包括国内的经济、政治、意识形态、社会风险以及来自自然界的风险，也包括国际经济、政治、军事风险等。"① 防范化解重大风险，首要任务是维护以党的执政安全和我国社会主义制度安全为核心的国家政治安全。他指出："各级党委和政府要坚决贯彻总体国家安全观，落实党中央关于维护政治安全的各项要求，确保我国政治安全。要持续巩固壮大主流舆论强势，加大舆论引导力度，加快建立网络综合治理体系，推进依法治网。要高度重视对青年一代的思想政治工作，完善思想政治工作体系，不断创新思想政治工作内容和形式，教育引导广大青年形成正确的世界观、人生观、价值观，增强中国特色社会主义道路、理论、制度、文化自信，确保青年一代成为社会主义建设者和接班人。"②

一、防范化解政治领域重大风险的意义

政治安全是指国家主权、政权、政治制度、政治秩序以及意识形

① 中共中央文献研究室编：《十八大以来重要文献选编》（中），中央文献出版社 2016 年版，第 833 页。

② 《提高防控能力着力化解重大风险 保持经济持续健康发展社会大局稳定》，《人民日报》2019 年 1 月 22 日。

态等方面免受威胁、侵犯、颠覆、破坏的客观状态。在当代中国，维护国家政治安全集中表现为对外保持中华人民共和国的主权独立、领土完整，对内坚持中国共产党的领导、人民民主专政、社会主义政治制度和社会政治秩序稳定、马克思主义意识形态的主导地位。我们要深刻认识防范化解政治领域重大风险的意义，坚决捍卫国家政治安全。

（一）防范化解政治领域重大风险具有首要性、根本性特点，在国家安全体系中处于核心位置

党的十八大以来，以习近平同志为核心的党中央围绕党的政治建设作出一系列重要部署，明确提出“防范政治风险”的重大命题和重大任务。2019 年印发实施的《中共中央关于加强党的政治建设的意见》强调指出，要把准政治方向，坚持党的政治领导，夯实政治根基，涵养政治生态，防范政治风险，永葆政治本色，提高政治能力，把我们党建设得更加坚强有力。这进一步明确了防范和化解政治风险的价值意义、精神实质与努力方向。我们必须清晰地认识到，政治安全是国家安全的根本，防范化解政治领域的安全风险具有首要性、根本性特点，在国家安全体系中处于核心位置。全面贯彻落实总体国家安全观，要聚焦重点、聚焦核心、聚焦根本，把防范化解政治领域重大风险、确保政治安全作为首要任务，统筹推进各重点领域国家安全工作。

（二）高度重视防范政治风险是我们党一贯的优良传统

回顾党的历史，中国共产党自诞生之日起就处于风险挑战之中，始终保持强烈的忧患意识和风险意识，始终把防范和化解政治风险作为党常抓不懈的核心任务。抗战期间，毛泽东同志列举了党可能面临的“十七条困难”，告诫全党要“准备吃亏”，在看到“光明”的同时“更要准备困难”，这对于防范可能出现的政治风险、保障革命胜利具有重要意义。改革开放初期，邓小平同志就明确指出，改革“是天翻

地覆的事业，是伟大的实验”，必然要“冒风险”，而且“要冒很大风险”，他要求全党同志要对可能发生的政治风险始终保持高度警觉，要随时纠正偏差，保证改革开放始终沿着社会主义方向前进。党的十八大以来，习近平总书记多次强调，要防范化解各领域重大风险，要把防范政治风险作为重大任务，精准研判、妥善应对可能出现的重大风险。这些重要论断对推动中国革命、建设和改革事业进程提供了重要保障，高度重视防范政治风险是我们党一贯的优良传统。

（三）防范政治风险是当前必须高度重视的现实课题

当今世界正经历着“百年未有之大变局”，世情、国情、党情都发生着深刻变化。从世情看，随着全球化的深入发展，国与国之间的联系更加紧密，一方面使得影响世界和平发展的不确定因素不断增加；另一方面也使政治风险跨境传播成为可能，区域性、全球性政治风险发生的可能性也都有增加的趋势。从国情看，我国社会主要矛盾发生了变化，但长期处于社会主义初级阶段的基本国情没有变。与人民群众对美好生活的期望相比，我国经济社会发展还存在较大差距，在经济、政治、社会、文化、生态环境等方面还面临很多困难和挑战，随着经济社会发展，一些新的困难和挑战也会随之出现。从党情看，反腐败斗争取得压倒性胜利，全面从严治党取得重大成果，党内政治生态展现新气象，但一些党员干部忽视政治、淡化政治、不讲政治的问题还比较突出，全面从严治党仍然丝毫不能松懈。从世情、国情、党情看，国内外形势正在发生着深刻而复杂的变化，在新时代要大有作为，必须保持饱满的精神和昂扬的斗志，时刻保持警醒，以高度的忧患意识、风险意识防范政治风险的发生。

（四）其他方面的风险都有最终转化为政治风险的可能，必须提高防范化解政治风险的忧患意识

在所有风险中，政治风险居于突出位置，但风险往往不是孤立出

现的，政治风险绝不限于政治领域，而是来自经济、文化、社会、军事等方方面面。新形势下，我国面临复杂多变的发展和安全环境，各种可以预见和难以预见的风险因素明显增多。有的就是直接的、现实的、严峻的政治风险，有的如果得不到及时有效控制也有可能演变为政治风险。党的十八大以来，习近平总书记反复强调："我们共产党人的忧患意识，就是忧党、忧国、忧民意识，要坚持底线思维，凡事从坏处准备，努力争取最好结果。这就是要提醒全党，我们在前进道路上不可能一帆风顺，世界上从来就没有可以吃现成饭的所谓机遇，要时刻准备进行具有许多新的历史特点的伟大斗争，善于化危为机、转危为安，永远立于不败之地。"① 居安思危，思则有备，有备无患。我们必须始终保持高度警惕，增强政治敏锐性和政治鉴别力，及时消除各种政治隐患，特别是及早识别、防范、化解"蝴蝶效应"、"黑天鹅"事件、"灰犀牛"事件的冲击。提高风险化解能力，抓住要害、果断决策，避免各领域风险"交叉感染"，坚决防止非公共性风险扩大为公共性风险，非政治性风险蔓延为政治性风险。发扬斗争精神，不当绅士当战士，敢于亮剑又善于亮剑，在大风大浪中提高斗争本领，以"踏平坎坷成大道，斗罢艰险又出发"的顽强意志，应对好每一场重大风险挑战，坚决防止和克服嗅不出敌情、分不清是非、辨不明方向的政治麻痹症。

二、政治领域的重大风险隐患

维护政治安全，最根本的是维护中国共产党的领导和执政地位、维护中国特色社会主义制度，最基础的是维护主权独立和领土完整，最核心的是政权安全和制度安全，最现实的是维护国家政治秩序稳定

---

① 本刊编辑部、李学仁：《以党的政治建设为统领 把我们党建设得更加坚强有力》，《求是》2019 年第 14 期。

和主流意识形态巩固。当前，我们在政治领域面临的重大风险隐患主要包括如下几个方面。

（一）主权安全

国土安全是立国之基。和平稳定的国际环境和国际秩序是国家安全的重要保障。习近平总书记指出，中国人民珍爱和平，我们绝不搞侵略扩张，但我们有战胜一切侵略的信心。我们绝不允许任何人、任何组织、任何政党，在任何时候、以任何形式，把任何一块中国领土从中国分裂出去，谁都不要指望我们会吞下损害我国主权、安全、发展利益的苦果。

当前我国主权安全及其面临的风险主要表现在三个方面。一是我国与西方大国尤其是与美国之间的结构性矛盾开始凸显。“二战”后，世界秩序主要由西方大国尤其是美国主导，随着中国的崛起，我国在政治、经济方面的全球影响力逐步上升，这必然导致与美国单极霸权之间的冲突。改革开放后，我们深度介入全球化进程，对外联系显著增多，中国在世界政治中占据着日益重要的位置。中国广泛参与各种国际组织，发展与世界各国的关系，参与国际政治议程的谈判与制定，乃至提出符合自己利益的世界政治新秩序，以便为保障和实现中国在世界日益扩展的国家利益服务。美国在冷战后千方百计地维护和加强自己的“一超”地位，通过打压的方式不断拉大与其他大国的实力差距。中国在世界范围影响力的扩大，将不可避免地与美国的霸权相遇。中美两国在政治制度和意识形态等方面差异巨大，美国在全球范围内推行它所主导的价值观，必然将中国的发展视为一种巨大威胁，会在政治、经济、文化、意识形态等方面全方位打压中国，这两个巨型经济体稍有不慎就会发生激烈摩擦。近两年，特朗普政府不仅在贸易领域挑起争端，而且肆无忌惮插手中国内政，这都是中美两国结构性矛盾的表现。二是我国周边安全形势趋于复杂化，中国捍卫国家领土、领海主权的压力增大。我国位于亚洲的中心区域，周边不稳定因素较多，地缘安全环境先天不足。从历史上看，我国与一些周边国家历史纠葛较多，与一些国家曾经有过军事冲突，有的国家处于美国遏制中国的第一岛链上，周边安全形势较为复杂。与此同时，美国对亚太事务涉足较深，也是影响我国周边安全的重要因素。随着实力增强，中国对国家领土完整和主权安全、对周边的和平稳定、对关系国家发展的海外利益都更为重视。在地区范围内，中国则要积极开展各类安全、政治领域的合作与对话，创建和参加地区组织，扩大在本地区的影响力，以便为国家发展创造良好的周边环境。而作为世界体系中霸权国的美国则要追求所谓的绝对安全，“不仅要保证美国的本土不受攻击，美国的盟国不受攻击，而且美国在全球的重大利益都不能受到挑战”①。从这方面看，美国治下的霸权战略也是影响我国周边安全的重要因素。三是国际破坏性因素渗透愈加强烈，“反独促统”、维护国家领土完整和文化安全都面临着复杂的挑战。20 世纪 90 年代中期以后，随着台湾地区独立倾向的渐长，“台独”势力不断挑衅“一个中国”的红线，中国的领土和主权完整面临着前所未有的挑战。在国际破坏性因素的支持下，新疆、西藏等地的分裂势力也越发嚣张，制造了一系列耸人听闻的恶性案件。2019 年以来，香港地区的不稳定因素显著增多，个别分裂主义者甚至打出“港独”旗号，严重影响到了香港地区的安全稳定。在某些国际势力的支持下，类似破坏性因素将长期存在，必将对我国的主权安全造成严重威胁。

（二）政权安全

各种敌对势力从来没有停止对我国实施西化、分化战略，从来没有停止对中国共产党领导地位和我国社会主义制度进行颠覆破坏活动，

① 周建明、张曙光：《美国安全解读》，新华出版社 2002 年版，第 18 页。

始终企图在我国策划“颜色革命”。在社会分化、全球互联、技术赋能等条件下，政权、制度和意识形态等方面的风险呈现出前所未有的复杂性，发生概率大、能级高，风险防控可谓任重道远。其中，“颜色革命”对政权安全造成的风险隐患尤为严重。从 20 世纪 80 年代以来，世界一些国家发生了由美国渗透和破坏而导致的政权更迭运动。例如：1989 年捷克斯洛伐克发生“天鹅绒革命”，2000 年南斯拉夫总统米洛舍维奇被反对派赶下台并被捕入狱，2003 年格鲁吉亚的“玫瑰革命”，2004 年乌克兰的“橙色革命”，2005 年吉尔吉斯的“郁金香革命”，2007 年缅甸未遂的“袈裟革命”，2011 年突尼斯的“茉莉花革命”及其所引发的“阿拉伯之春”，2014 年乌克兰的“二次颜色革命”。这些“颜色革命”具有颠覆性的破坏作用，是政权安全面临的最重大风险。

（三）制度安全

制度安全主要表现在外源性风险和内源性风险叠加互动对现有制度体系造成的风险隐患。所谓外源性风险主要是指西方国家抱持“和平演变”分化我国的企图，利用其在国际舆论空间的话语权，大肆宣扬资本主义制度的优越性，同时利用特殊事件对我国现有制度进行抹黑和攻击。内源性风险主要来自经济结构、社会结构的深刻变化以及由此导致的利益分化和分配不公等问题，所引发的部分利益受损群体对现有制度的不满和批评。在对外开放水平不断提高、互联网日益普及的情况下，我国外源性风险和内源性风险不可避免地叠加在一起，两者之间频繁互动，甚至叠加共振。这表现为国外反华势力在国际上散布大量抹黑中国的言论，在国内得到部分人的赞同、应和与传播；国内一些错误思潮的基本理论观点来自西方，社会思潮的活跃激荡往往受到国际上一些势力的支持；等等。两类风险在交互、联动中产生同一指向的后果，即企图引导人们形成对中国现有制度体系尤其是社会主义制度的否定性判断，进而导致政府与民众之间缺乏信任、不同社会阶层之间缺乏共识，强化社会成员的分层和分化，并使整个社会处于脆弱状态。近些年发生的一些群体性事件，都具有外源性风险和内源性风险叠加的特点，普遍的特点是恶意炒作聚集滋事、“精神领袖”幕后操纵、组织严密、分工明确、有境内外资金支持等。2016 年 8 月 2 日至 5 日，翟岩民、胡石根、周世锋、勾洪国等四人颠覆国家政权案依次受审。此案揭露出少数不法律师、非法宗教组织、网络推手、职业访民、境外反华势力深度勾连，以北京锋锐律师事务所为平台，在公共场所非法聚集滋事、炒作热点事件、攻击国家宪法法律制度；其所谓“整合国内反体制力量、促进党内分裂、争取国际社会介入”三大目标和“转型方案、建国方案、民生方案、奖励方案、惩罚方案”五项方案等阴谋，也暴露在法治和正义的阳光之下。因此，我们要高度警惕外源性风险和内源性风险叠加互动对制度安全造成的风险隐患。

（四）意识形态安全

由于改革开放中社会结构深刻变动、利益格局深刻调整、人们思想观念深刻变化，以及国际环境日趋复杂多变等多种因素的作用，我国意识形态风险已经处于高位。从当前情况看，意识形态与政治安全的关联尤为紧密。与西方发达国家所面临的意识形态问题不同，当代中国面临的意识形态风险大量来自各种错误思潮的蔓延。这些错误思潮否定中国社会主义制度和中国共产党的领导，提出各种背离中国特色社会主义道路的方案以“改造”中国，其价值指向是否定马克思主义及其理想追求，其实践指向是突破社会主义制度的框架。错误思潮的蔓延，改变了我国意识形态领域的结构和秩序，不仅造成我国意识形态的多元化，而且破坏社会主义意识形态认同和政治认同。正是看到我国的意识形态风险关联着政治安全，关联着中国特色社会主义政治制度的存续，习近平总书记高度重视意识形态风险及其政治上的后果，指出："一个政权的瓦解往往是从思想领域开始的，政治动荡、政权更迭可能在一夜之间发生，但思想演化是个长期过程，思想防线被攻破了其他防线就很难守得住。"① 意识形态风险事件具有隐蔽性，这增加了防范化解的难度。当前，以社会思潮面貌出现的多种反马克思主义、非马克思主义的意识形态正是利用多种形式和载体，如学术研究成果、文艺作品、大众日常娱乐方式等，借助各种传媒手段，试图进入社会大众的思想空间，以影响人们关于当代中国发展道路、政治秩序的基本态度。这不仅会使社会主义意识形态的传播空间受到挤压，而且增加了对反马克思主义、非马克思主义思潮进行辨别实质、评估危害的难度，以致人们常常将具有明显政治倾向的社会思潮等同于学术思潮，将网络空间恶搞党史国史军史的行为视为"纯属娱乐"。此外，在大众文化、消费主义、娱乐主义的影响下，在长期"淡化意识形态""去意识形态化"鼓噪的影响下，政治冷淡主义情绪在我国社会广泛蔓延，以致人们刻意与社会主义意识形态、非社会主义意识形态都保持疏离，实际是在日常生活中隐藏了意识形态。这些都导致了意识形态风险防控的难度大大提升。

新形势下我们面临的重大风险越来越复杂，呈现出许多新趋势新特点，尤其需要我们高度重视"六大效应"：境外输入性风险日益增多导致的"倒灌效应"；各种敌对势力同流合污、勾联聚合呈现"敌独合流""内外合流""新老合流"导致的"合流效应"；重点领域群体利益诉求引发的各种社会矛盾交织叠加，现实问题与历史问题、实际利益问题与意识形态问题、政治性问题与非政治性问题交叉感染所导致的"叠加效应"；各类风险流动性加快、关联性增强，呈现出境内外互动、跨区域联动、跨群体聚合所导致的"联动效应"；互联网日益成为各类

① 中共中央文献研究室编：《十八大以来重要文献选编》（上），中央文献出版社 2014 年版，第 465 页。

风险的策源地、传导器、放大器所导致的“放大效应”；一个地区发生的问题容易导致其他地区仿效所导致的“诱导效应”。纵观诸多领域重大风险，如果处置不当，往往会反映到政治安全上来，最后要靠防范化解政治安全风险来兜底。因此，防范化解政治安全风险具有首要性、兜底性、关键性、根本性的特点，在国家安全体系中处于核心位置，我们要作为首要任务来抓紧抓实抓好。

三、防范化解政治领域风险的主要着力点

政治风险不等于政治危机，只要应对科学就可以有效防范。从世界范围看，重视维护国家政治安全是世界强国的普遍做法。世界强国无不把政治安全作为国家安全的根本和国家核心利益，美国政府历来高度重视国家政治安全，在其历届政府所作的《国家安全战略报告》中，都把确保美国人民和国土安全、保护美国经济繁荣和维护美国民主价值观作为国家核心利益。早在 20 世纪中叶，美国就通过了国家安全法案，建立了国家安全委员会和中央情报局。进入 21 世纪之后，面对恐怖主义威胁，美国又建立了国土安全部，进一步强化了国家安全系统。俄罗斯为维护国家政治安全设有俄罗斯联邦安全局，其在维护和保障俄罗斯国家政治安全中发挥了重大作用。英国国家安全情报系统至今已有一百多年历史，不仅有力维护了英国国家政治安全，而且一度也在国际政治舞台上发挥过重要作用。法国、德国、日本等国也普遍建有强大高效的国家安全系统，在纷繁复杂的国际斗争中维护了国家政治安全和国家利益。

习近平总书记关于维护国家政治安全的系列重要讲话，为我们防范化解政治领域安全风险提供了根本遵循，指明了前进方向。我们必须始终坚持以习近平新时代中国特色社会主义思想为指导，增强“四个意识”、坚定“四个自信”、做到“两个维护”，增强忧患意

识，强化斗争精神，提高斗争本领，全力做好维护国家政治安全工作。

（一）坚持党的领导，坚决做到“两个维护”

党的十八大以来，面对严峻复杂的风险挑战，我国之所以能创造经济持续健康发展、社会持续安全稳定“两大奇迹”，成为世界上最有安全感的国家之一，最根本的是因为有习近平总书记的掌舵领航，有以习近平同志为核心的党中央坚强领导，有习近平新时代中国特色社会主义思想的科学指引。在当前中国面临多种风险的条件下，加强风险识别、分析与评估，科学开展防范风险决策，采取风险处置行动，是一项复杂而系统的工程。做好这一工程必须坚持党的领导，强化“四个意识”、坚定“四个自信”、做到“两个维护”。一是加强政治领导，确保政治上绝对忠诚。始终坚持以党的旗帜为旗帜、以党的方向为方向、以党的意志为意志，任何时候任何情况下，都自觉做到忠诚核心、拥护核心、跟随核心、捍卫核心。始终站稳政治立场，提高政治能力，严守党的政治纪律和政治规矩，做到党中央提倡的坚决响应、党中央决定的坚决执行、党中央禁止的坚决不做，坚决同一切破坏党中央权威和集中统一领导的行为作斗争。二是加强思想领导，确保思想上绝对纯洁。始终坚持强化理论武装，深入学习习近平新时代中国特色社会主义思想，不断汲取强大的真理力量、思想力量、实践力量，牢固树立正确的世界观、人生观、价值观，切实筑牢信仰之基、补足精神之钙、把稳思想之舵，以思想上的高度团结统一保证行动上的坚定有力。三是加强组织领导，确保用人上绝对可靠。始终坚持党管干部原则，按照新时期好干部标准，选优配强各级领导班子和领导干部，特别要注重全面考量干部的政治忠诚、政治担当和政治自律，确保政治可靠，确保整个干部队伍始终在思想上政治上行动上自觉同以习近平同志为核心的党中央保持高度一致。

（二）坚定底线思维，坚决守牢政治安全这一底线

政治安全是党和国家安全的生命线，是不可动摇的底线，必须筑牢维护政治安全的铜墙铁壁。一是突出源头防范。要全面统筹各类资源，持续开展对各类影响政治安全风险隐患的基础调查和滚动摸排，提高各类风险动态监测、实时预警能力，坚决将问题消灭在萌芽状态、解决在初始阶段。二是坚持主动进攻。加强专案攻坚和专项工作，严防发生影响政治安全的重大案事件。进一步健全情报信息网络，加大网络安全监管力度，着力营造良好网络生态环境。三是防止风险传导。深入排查经济、社会等领域存在的风险隐患和各类社会矛盾引发的突出问题，及时有效妥善处置，严防矛盾碰头叠加、交叉感染、蔓延升级，严防经济社会领域风险向政治安全领域传导。充分发挥扫黑除恶专项斗争的龙头性带动作用，严厉打击、严密防范黑恶势力向政治领域渗透活动，彻底铲除危害党的执政根基的各种黑恶势力，坚决捍卫政治安全。[①]

（三）坚持人民立场，坚决严惩腐败，始终保持党同人民群众的血肉联系

为了谁、依靠谁，是一个根本问题。防范化解重大风险，必须有鲜明的立场。它是一个风向标、指挥棒，决定了我们为谁防、防什么、怎么防。习近平总书记指出："我们党来自人民、扎根人民、造福人民，全心全意为人民服务是党的根本宗旨，必须以最广大人民根本利益为我们一切工作的根本出发点和落脚点，坚持把人民拥护不拥护、赞成不赞成、高兴不高兴作为制定政策的依据。"[②] 防范化解重大风险，必须站稳人民立场，坚持以人民为中心，在全心全意为人民服务中提升政治站位、提高工作能力。有了这样的立场和站位，我们在工

① 参见郭瑞民：《坚定不移维护国家政治安全》，《学习时报》2019 年 11 月 13 日。

② 习近平：《在庆祝改革开放 40 周年大会上的讲话》，人民出版社 2018 年版，第 24 页。

作中才能更加积极主动，才能有强烈的责任意识和担当精神，才能勇于涉险滩、破坚冰、攻堡垒、拔城池，才能真正把防范化解重大风险工作落到实处、取得实效。同时，必须清醒地认识到，坚持人民立场，就必须反对并严惩腐败和不正之风。要紧盯事关发展全局和国家安全的重大工程、重点领域、关键岗位，精确惩治，加大反腐力度。要把涉黑涉恶腐败和深挖彻查“关系网”“保护伞”作为扫黑除恶专项斗争的主攻方向、作为衡量斗争成效的重要标准，确保扫黑除恶与反腐败斗争、基层“拍蝇”同步推进。要持续开展对人民群众反映强烈问题的集中整治，认真落实中央八项规定及其实施细则精神，坚定不移纠“四风”、树新风，努力以实际行动取信于民，推动反腐败斗争取得更大成效。

（四）坚守思想阵地，扎实做好意识形态工作

意识形态是党的一项极端重要的工作，事关旗帜和道路，事关党的前途命运、事业成败、国家长治久安。作为当今世界社会主义大国的执政党，任何时候任何情况下，我们都不能忽视思想的力量、忽视意识形态的作用，决不能在根本性问题上出现颠覆性错误。我们必须主动应对，牢牢掌握意识形态工作领导权、管理权和话语权，巩固壮大主流思想舆论阵地，紧抓意识形态工作重点领域，打好主战场主阵地的主动仗，筑牢应对意识形态风险的坚固防线，才能维护社会主义意识形态安全。一是抓好阵地建设。将互联网作为宣传思想工作的主阵地，依法加强网络社会管理，加强网络新技术新应用管理，确保互联网可管可控，营造清朗网络空间。认真落实意识形态工作责任制，将其纳入巡察工作安排，加强对意识形态阵地管理，坚决防止给错误思想观点传播提供渠道。二是抓好正面宣传。坚持正确的舆论导向，不断改进网上宣传方式，弘扬主旋律，激发正能量，把握好网上舆论引导的时、度、效。着眼于团结和争取大多数，有理有力有节开展舆论斗争，严密防范和抑制网上攻击渗透行为，帮助干部群众划清是非

界限、澄清模糊认识。三是抓好教育引导。持续抓好思想舆论阵地中的教育引导工作，建立经常性联系渠道，加强线上互动、线下沟通。坚持把新媒体从业人员等具有代表性的人士纳入统战工作视野，让他们在净化网络空间、弘扬主旋律、维护意识形态安全等方面展现正能量。四是高度重视对青年一代的思想政治工作，完善思想政治工作体系，不断创新思想政治工作内容和形式，教育引导广大青年形成正确的世界观、人生观、价值观，增强中国特色社会主义道路、理论、制度、文化自信，确保青年一代成为社会主义建设者和接班人。

（五）加强党的自身建设，不断增强抵御政治风险的能力

中国共产党作为中国特色社会主义的领导核心，党自身面临的风险是最致命的风险，防范化解政治风险，关键在于加强自身建设，以此来不断增强抵御政治风险的能力。党的十八大以来，我们党以自我革命精神推进全面从严治党，清除了党内存在的严重隐患，成效显著。同时我们要清醒看到，党内存在的思想不纯、组织不纯、作风不纯等突出问题并未得到根本解决，一些已经解决的老问题反弹回潮的可能性依然存在，实践中还出现了一些新情况新问题。防范化解党自身面临的风险任何时候都不能松懈，尤其要着力防范脱离群众、根基动摇的风险，心存异念、祸起萧墙的风险，纪律松弛、组织涣散的风险，不负责任、碌碌无为的风险，腐化堕落、异化变质的风险。① 在世情、国情、党情都发生深刻变化的形势下，我们党要顺应时代发展，常怀“能力不足”的忧患意识，切实提高防范政治风险的能力。既要增强政治敏锐性和政治鉴别力，及时把风险化解在源头；又要提高风险处置能力，化风险为机遇，化危机为转机。要不断增强忧患意识和风险意识，继续发挥我们党防范政治风险的一贯优势，为国家富强、民族振兴、人民幸福提供保障。

① 参见田哲：《着力防范化解党自身面临的重大风险》，《中国党政干部论坛》2019 年第 3 期。

(六) 针对重点任务有的放矢、精准打击，坚决消除一切影响国家政治安全的风险隐患

防范化解重大政治安全风险，是一场具有新的历史特点的伟大斗争。要统筹战术战法，精准发起斗争攻势，坚决消除一切影响国家政治安全的风险隐患。重点要抓好“八项任务”：一是聚力防范打击各种渗透破坏活动。加强战略谋划，完善斗争思路策略，强化工作措施，确保政治安全。二是聚力深化国际执法安全合作与斗争。发挥执法安全合作机制，更好服务对外工作大局。三是聚力维护意识形态安全。严格落实意识形态工作责任制，健全网络综合治理体系，推进依法治网，最大限度挤压网络政治谣言和有害信息滋生空间。四是聚力确保首都安全稳定。牢固树立全国一盘棋思想，压实各地各部门责任，发挥北京的关键作用，筑牢京津冀协同环京“护城河”，严密落实安保维稳措施，确保首都社会和谐稳定。五是聚力深化反恐怖斗争。暴力恐怖主义境外有“种子”、境内有“土壤”、网上有“市场”，始终是最现实的威胁。要始终保持严打高压态势，推动严打整治常态化，深化严打暴恐专项行动，深化反恐国际合作，坚决铲除暴恐活动滋生土壤。六是聚力深化反分裂斗争。落实矛盾预防化解和社会稳定各项措施，确保西藏及四省藏区社会大局稳定。七是聚力防范打击邪教活动。邪教活动侵蚀执政根基，是长远隐忧。要坚持“减存量、控增量”，依法打击邪教组织破坏活动，坚决消解其组织基础，铲除其滋生土壤。八是聚力防范经济社会风险演变为政治安全风险。坚持和创新发展“枫桥经验”，推行市县领导干部每月下基层大接访制度和“一村（居）一警”做法，最大限度地把矛盾问题解决在当地、化解在萌芽。防范化解社会领域重大风险，最根本的是要加快推进社会治理现代化，开创平安中国建设新局面。[①]

---

① 参见陈一新：《聚力聚力防范打击邪教活动》，人民网，http：//hi.people.com.cn/n2/2019/0402/c376252－32803409.html。

第三章　防范化解意识形态领域重大风险

意识形态安全是国家安全的重要组成部分，意识形态工作事关国家兴亡盛衰。党的十八大以来，以习近平同志为核心的党中央，全面加强党的意识形态建设工作，牢牢掌握意识形态工作的领导权和主动权，不断在统一思想、凝聚人心上取得新成效，在强基固本、正本清源上取得新进展，马克思主义在意识形态领域的指导地位进一步巩固，全党全国人民团结奋斗的共同思想基础进一步巩固，社会主义核心价值观日益深入人心。但我们也要清醒认识到，意识形态领域斗争面临的内外环境更趋复杂，网络意识形态安全风险日益凸显，境外敌对势力加大渗透和西化力度；境内一些别有用心的人不断制造杂音异调，一些单位党政干部在意识形态问题上还存在着阵地意识不强、工作落实不力等问题。防范意识形态领域面临的风险，是摆在我们面前的一项重大而紧迫的任务。

一、防范化解意识形态领域重大风险的意义

意识形态关乎旗帜、关乎道路、关乎国家政治安全。马克思主义的意识形态观认为，意识形态是一定社会历史条件下社会阶级、阶层和利益集团自觉和系统地反映社会、经济、政治制度的思想体系，具体体现为哲学、政治、法律、道德、宗教、艺术等社会意识，其实质

是特定阶级或集团基于本阶级根本利益形成的系统化的思想观念体系。意识形态领域的斗争实质上是主义之争、道路之争，具有长期性、艰巨性和复杂性。

（一）要在坚持党的领导、坚持和发展中国特色社会主义这个背景下深刻认识做好意识形态领域工作的极端重要性

中国共产党是具有坚定理想信仰的马克思主义政党。重视意识形态工作，防范意识形态领域的风险，关系举什么旗、走什么路，关系中国共产党人能不能在日益复杂的国际国内环境下坚持住党的领导、坚持和发展中国特色社会主义。历史的经验教训反复证明，在强敌环伺、国际斗争复杂尖锐的环境下，没有一定的经济实力和军事实力固然不能保障国家安全，但不能守住意识形态防线，国家安全同样会面临巨大风险。世界社会主义实践的曲折历程说明，马克思主义政党一旦放弃马克思主义信仰、社会主义和共产主义信念，就会基础动摇、土崩瓦解。马克思在《政治经济学批判（1857—1858 年草稿）》中强调："如果从观念上来考察，那么一定的意识形式的解体足以使整个时代覆灭。"① 我们党历来高度重视意识形态工作。毛泽东同志说："凡是要推翻一个政权，总要先造成舆论，总要先做意识形态方面的工作。革命的阶级是这样，反革命的阶级也是这样。"② 习近平总书记指出："意识形态工作是党的一项极端重要的工作。"③ 他在总结国际国内历史经验的基础上，进一步深刻指出，一个政权的瓦解往往是从思想领域开始的，政治动荡、政权更迭可能在一夜之间发生，但思想演化是个长期过程。思想防线被攻破了，其他防线也就很难守住。我们必须把意识形态工作的领导权、管理权、话语权牢牢掌握在手中，任何时

---

① 《马克思恩格斯全集》第 46 卷（下册），人民出版社 1980 年版，第 35 页。

② 《建国以来毛泽东文稿》第 10 册，中央文献出版社 1996 年版，第 194 页。

③ 中共中央文献研究室编：《习近平关于全面深化改革论述摘编》，中央文献出版社 2014 年版，第 36 页。

候都不能旁落，否则就要犯无法挽回的历史性错误。建设具有强大凝聚力的社会主义意识形态，巩固马克思主义在意识形态领域的指导地位，巩固全党全国人民团结奋斗的共同思想基础，是坚持党的领导、坚持发展中国特色社会主义的必然要求。

意识形态领域工作的极端重要性，不仅体现在举什么旗、走什么路方面，而且关系到以什么样的精神状态贯彻落实党中央的重大战略部署，实现“两个一百年”奋斗目标。进入新时代，我们党正在带领人民进行具有许多新的历史特点的伟大斗争，面临的挑战和困难前所未有，尤其需要建设具有强大凝聚力和引领力的社会主义意识形态，充分发挥社会主义意识形态的思想引领功能、力量凝聚功能，形成有利于坚持中国共产党领导和我国社会主义制度、有利于推动改革发展、有利于增进全国各族人民团结、有利于维护社会和谐稳定的大好局面，调动各方面的积极性、主动性、创造性，激发起全社会团结奋进、攻坚克难的强大力量。

（二）要在我国经济社会深刻变革、利益格局深刻调整这个背景下深刻认识意识形态领域工作的极端重要性

我国正处于并将长期处于社会主义初级阶段，要长期坚持和不断完善公有制为主体、多种所有制经济共同发展的基本经济制度。社会生活的多样性特别是经济成分的多样化，必然带来思想观念的多样化。发展社会主义市场经济，在增强人们的竞争意识、效率意识、契约意识和开拓意识的同时，市场等价交换原则的观念、追逐物欲的意识，也必然反映到人们的精神生活中，带来消极负面的影响。社会主义核心价值观必然会受到拜金主义、享乐主义、极端个人主义的影响和冲击。对此，我们要有清醒的认识。

同时，我国正在更高起点、更高层次、更高目标上推进改革开放，社会深刻变革和利益格局深刻调整，意识形态领域局部多元多样多变

的趋势日益明显。代表不同利益群体的各种思想观念日益活跃，各种声音竞相发出，意识形态领域多元思想文化相互交流交融交锋将是一种长期的客观存在，主流意识形态与反映不同利益群体诉求的各种社会思潮的碰撞与激荡不断加深，将是社会思想领域难以回避的一种趋势。巩固和发展主流意识形态，不断增强意识形态领域主导权和话语权，引领社会思潮、凝聚思想共识，坚定道路自信、理论自信、制度自信、文化自信，提升全社会的凝聚力、向心力，是一项艰巨复杂的任务。

（三）要在国际政治经济斗争日益复杂艰巨、西方对我国渗透遏制不断加剧的背景下，深刻认识意识形态领域工作的极端重要性

当前全球治理面临着复杂形势。单边主义、保护主义、民粹主义兴起，从根本上冲击多边主义理念和秩序，冲击多边机制和国际规则，国际秩序处在关键十字路口，给全球治理和国际关系带来挑战，对全球稳定与发展造成威胁。在当前社会主义和资本主义共存的国际背景下，围绕全球治理和国际关系的斗争，必然会反映到意识形态领域。美国总统特朗普上台后，直接提出“大国竞争战略”，把中国和俄罗斯当成美国的主要挑战。2017 年底，美国国家民主基金会发布报告《锐实力：上升的威权主义影响》，抛出并炒作“锐实力”这个概念，炮制“中国意识形态威胁论”，污称我国正以经济合作、人文交流等方式输出中国模式，影响国际政治局势和他国政治制度。在西方看来，西方的所谓“普世价值”，是软实力；如果不符合西方的所谓“普世价值”，就是“锐实力”，就是一种威胁。在国际上炒作“锐实力”“中国意识形态威胁论”的同时，西方各种敌对势力加紧对我国渗透遏制，不断变化手法、调整策略，制造议题、制造混乱，同我们争夺阵地、争夺人心，争夺意识形态领域的话语权、主导权。随着我国日益走向民族复兴的目标、走向世界舞台的中央，敌对势力在意识形态领域的围堵、

遏制、渗透力度不断加大，我国维护意识形态安全和政治安全的挑战也不断增加。

（四）要在媒体格局和舆论生态发生深刻变化、互联网成为意识形态斗争最前沿这个背景下，深刻认识意识形态领域工作的极端重要性

随着互联网技术特别是移动互联网技术的发展，新媒体快速发展，在网络世界，境内境外、线上线下、体制内和体制外的界限日益模糊，形成了一个海量式信息流通、海量式人员参与、海量式互动发生的复杂庞大的舆论场，成为议题制造、舆情发酵、错误思想传播的策源地和放大器。引导、管控这样一个庞大的舆论场，无疑是一项艰巨的任务。正是看到了这一点，西方反华势力利用其掌握的网络资源和技术优势，鼓吹“网络自由”，加紧通过互联网对我国进行意识形态渗透，妄图以互联网为缺口“扳倒中国”。有的西方政要公开声称，有了互联网对付中国就有办法了，社会主义国家投入西方怀抱将从互联网开始。境内外敌对势力利用互联网遥相呼应，通过贬低乃至否定中华文化，否定中华民族的历史贡献，否定近代中国人民的奋斗史，歪曲中国共产党的历史、中华人民共和国的历史，歪曲改革开放的历史，抹黑中国的国家形象、政府形象和社会基本面，企图达到颠覆中国共产党的领导和中国特色社会主义制度的目的。在新媒体、自媒体借助技术手段迅猛发展、影响不断扩大和深入的同时，主流媒体的主导作用受到巨大冲击。在这种影响力此消彼长的舆论生态中，争夺互联网主导权，维护网络意识形态安全，打赢网络意识形态斗争，不仅意义重大，而且十分迫切。

在意识形态领域斗争呈现尖锐复杂局面的形势下，一些单位和同志在从事意识形态领域工作中，还存在不想抓、不会抓、不敢抓的问题，存在缺乏斗争意识、阵地意识、责任意识的问题，存在缺乏有效

的斗争方式、手段等问题。各级领导干部必须进一步强化做好意识形态领域工作的思想认识，进一步提高做好意识形态领域工作的方式方法，真正做到守土有责，守土尽责。

二、意识形态领域风险的主要表现

意识形态作为一种思想观念体系和精神现象的特性，决定了其风险点具有广泛性、渗透性、隐蔽性。当前，意识形态领域的风险点主要集中在以下几个方面。

（一）境外敌对势力在意识形态领域对我国渗透、颠覆加大带来的风险

第二次世界大战后，特别是东西方国家两大阵营的较量趋于明朗化后，以美国为首的西方国家，始终把运用“和平演变”作为渗透、颠覆社会主义制度的战略。东欧剧变后，美国等西方国家把“和平演变”的矛头指向中国，把中国的意识形态西方化，作为其战略的重要一环。一是在价值观上宣扬并推行所谓的“普世价值”，企图对我国进行西化，动摇和颠覆我国的社会主义制度。冷战以来，特别是东欧剧变后，随着我国社会主义制度的优越性不断体现，美国等西方国家加大了向我国输出所谓的“普世价值”的力度，对我国展开心理战和宣传战，继续抛出所谓“人权”“民主”“自由”等蛊惑人心的口号，宣传人权高于主权，淡化中国主权意识，歪曲马克思主义，妖魔化社会主义制度，瓦解我国人民的爱国主义精神，动摇“四个自信”，企图在意识形态领域引起混乱，突破我国的政治安全防线，最终达到颠覆我国社会主义制度的目的。二是在经济理论上宣扬西式的新自由主义理论。赞美私有化制度，鼓吹国有企业私有化，企图瓦解中国社会主义经济制度的基础，将中国的经济发展道路置于西方思想的指引之下，

从而改变我国改革开放的道路和方向。西方在经济发展思想上的渗透，经由国内一些所谓的“精英”背书，表现出很强的渗透性和迷惑性，是我国意识形态领域面临的一个不容忽视的风险。三是宣扬西方的文化优越性，对我国加强文化渗透。美国借助其在文化传播上强大的载体、巧妙的手段，如影视作品、新闻报道、学术交流等，不断加大对我国推销其文化观念、生活方式的渗透活动，攻击、否定中国人民和中华民族的优秀文化和光荣历史，动摇我国的文化自信，诱使一部分中国人形成了崇拜西方文化和西方生活方式的文化自卑。西方的文化渗透在互联网时代、全球化时代尤其具有破坏性，是我国意识形态领域必须长期面对、高度警惕的风险点。四是利用我国存在的一些社会问题，制造炒作议题，把一般问题政治化、意识形态化，诋毁党和政府形象，在群众中制造离心力。如中美贸易摩擦、人民币汇率、食品安全、环境问题、民生问题、群众上访，乃至2019新型冠状病毒（COVID—19）等公共卫生事件，都成为西方敌对势力对我国进行意识形态渗透的借口。五是利用所谓的“西藏问题”“新疆问题”以及“香港问题”对我国进行歪曲宣传，干涉我国内政。2018年，美国总统特朗普签署美国国会通过的所谓“2018年对等进入西藏法案”，向“藏独”分裂势力发出严重错误信号，严重违反国际关系基本准则，粗暴干涉中国内政。2019年，美方不顾中方的坚决反对，一意孤行，将“香港人权与民主法案”签署成法。2020年5月28日，第十三届全国人大三次会议通过《全国人民代表大会关于建立健全香港特别行政区维护国家安全的法律制度和执行机制的决定》。美英等西方国家对此说三道四，横加干涉。特朗普宣布将取消香港特殊待遇，英国宣布将接纳有英国国民（海外）护照的港人来英国，并在最新发表的“香港半年报告”中进一步强化对香港事务的干涉力度。美英等国的行为，以恐吓和威胁的手法对待香港，公然为反中乱港分子提供保护，赤裸裸地干涉中国内政。2019年，美国国会众议院通过了所谓“2019年维吾尔人权政策法案”。该法案蓄意诋毁中国新疆的人权状况，大肆抹黑中国去极端化和打击恐怖主义的努力，恶意攻击中国政府治疆政策。美国等西方国家对我国“和平演变”的形式和手段还远不止于上述几个方面，而是呈现出全方位、多层次的渗透和围攻态势。以美国为首的西方国家在意识形态领域对我国进行渗透颠覆中，还加强在境内及港澳地区培植代理人，成互相唱和、遥相策应之势，从而给我国带来了更加严峻的挑战。

（二）一部分党员干部理想信念动摇，社会上错误思潮暗流涌动，一些青年人存在着信仰迷失、信仰缺失的问题

党的十八大以来，在以习近平同志为核心的党中央领导下，全面净化党内政治生态取得重大进展。应该看到，大多数党员干部理想信念是坚定的，政治上是可靠的。但同时，仍然有一部分党员干部，理想信念动摇，对共产主义心存怀疑，认为是虚无缥缈、难以企及的幻想；对马克思主义缺乏坚定信念，从求神问卜、烧香拜佛中寻求精神慰藉；有的在涉及党的领导和中国特色社会主义道路等原则性问题的政治挑衅面前态度暧昧、消极躲避、不敢亮剑，甚至故意模糊立场，在大是大非面前没有一个党员干部应有的立场和态度；还有的向往西方的社会制度、价值观念和生活方式，对社会主义前途命运丧失信心。党员干部中存在的这些问题，不仅败坏了党的政治生态，对社会造成不良影响，而且也在一定程度上削弱了党对意识形态工作的领导。

一些歪曲马克思主义、否定社会主义制度的错误思潮对主流意识形态形成了挑战。有人认为马克思主义只是诸多学说中的一种，认为马克思主义只是党的世界观，还有人认为马克思主义是一种外来文化，不是中国本土文化，不能用一种外来文化指导中国的实践，凡此种种，其本质都是通过曲解马克思主义，动摇马克思主义在意识形态领域的指导地位。同时，在经济社会文化各领域，各种错误思潮仍然有一定

的市场。在经济领域，一是在改革方向上鼓吹私有化。有人认为中国的改革实质上就是在经济制度上往西方的方向改，认为做强做优做大国有企业是改革的倒退。一些人借“反思改革”之名，行否定改革开放之实。鼓吹西方式的自由化、私有化，企图将改革之路导向西方模式。二是误读“市场在资源配置中的决定作用”，以夸大市场的作用否定党对经济工作的领导。在社会领域，境内外敌对势力利用一些地方对一些民生问题处置不当的空隙，刻意将问题引向意识形态领域，炒作失业问题、农民工问题、拆迁问题、教育问题、食品安全问题、环境问题、退役军人安置问题、维权问题等，激化矛盾，制造混乱，煽动群众与党和政府的对立情绪。值得警惕的是，一些人往往使用“春秋笔法”“借古讽今”“借洋讽中”等隐秘方式进行议题炒作和舆论发酵，对管控工作带来更大挑战。在文化领域，有人鼓吹历史虚无主义，曲解中华优秀传统文化，污蔑社会主义文化。有人编造、虚构历史事实，对党的历史、党的领袖进行抹黑，重新解构党和党的领袖的历史，对中国历史上的民族英雄进行冷嘲热讽，为一些民族败类辩解翻案。

一些青年人在不同程度上存在背离主流意识形态、弱化理想信念的问题，对我们在意识形态领域赢得青年构成严峻挑战。特别是在高校，一部分青年学生受西方思潮的影响，存在一定程度的信仰复杂与缺失现象。一些教师和学生以“学术中立”为名，放松了思想政治工作，为错误思潮的侵入打开了缺口；一些青年学生不能正确处理学习专业知识和坚定政治信仰的关系，把学术研究和政治正确对立起来，崇尚西方的所谓“学术自由”，逐渐丧失了坚定正确的政治立场；一些青年学生对西方学术理论不加分析“原汁原味”地吸纳，思想观念逐渐被西方那一套东西所占领；受社会上错误思潮的影响，一些青年学生理想信念日益淡化，物质主义和利己主义的思想不断强化，对金钱、权力、享受心向往之，不愿谈人生信仰、民族大义，不愿为伟大理想献身，凡事从利己出发，把个人利益放在首位，一切以个人利益为根本出发点，满足于直觉主义、感觉主义，逃避社会责任，回避理性思考，缺乏奉献精神，在世界观、人生观和价值观方面出现了偏差。

（三）随着互联网技术迅速发展及广泛应用，网络意识形态安全风险凸显

截至2019年6月，我国网民有8.54亿人，手机网民有8.47亿人，仅2019年上半年，移动互联网接入流量消费就达553.9亿GB。网络已经成为信息获取和互动的重要载体，成为世界各国竞相抢占的意识形态主战场。较之传统意识形态领域，互联网领域安全风险发生的概率更大、能级更高、掌控更难，成为我国意识形态领域的“最大变量”。

网络意识形态领域的主要风险点表现在以下三个方面：

第一，境内外敌对势力利用互联网高效性、广泛性、互动性、渗透性等特点，相互勾结并扩大反华力量的态势不断加剧。互联网传播超越了地理阻隔、时间限制，无远弗届，无时不在。这就为境内外敌对势力相互勾结、扩大力量创造了便利条件。比如，在香港特区政府修订《逃犯条例》引发的风波中，网络就起到了极其重要的推手作用。香港反对派和国外反华势力利用网络载体，煽动群众、组织“网军”操控舆论、利用网络进行“众筹”，组织所谓的“联署”，刊登宣传广告。更有所谓“匿名者”黑客把警务人员的隐私在网络上公开，企图以此瓦解警方止暴治乱的意志力。反中乱港分子利用网络进行组织策划的同时，还利用网络，在短短几个月时间内散布了大量混淆视听的谣言。这场风波说明网络已经成为境内外敌对势力集结力量、组织策划的管道，成为煽动群众、操控舆论的平台，成为争夺阵地、争夺人心的利器。网络意识形态领域的风险不仅呈现出紧迫性，而且呈现出复杂性。

第二，一些西方国家利用其掌握的网络技术优势和话语优势，利用网络平台在世界范围多角度全方位地推销自己的意识形态、价值观念、社会文化和经济发展等内容，并且呈现出组织化和政治化的特征。

美国利用其在信息技术方面掌握的优势，推行数字霸权，对我国施加政治压力。在香港特区政府修订《逃犯条例》引发的风波中，两家美国社交媒体巨头脸书、推特以“官方散布假新闻”为由，关掉近千个揭露暴徒行径的内地账号。与此同时，西方为了达成其利用网络对我国进行渗透颠覆的目的，极力维护其在网络空间的主导地位和话语权，为西方意识形态在网络空间的推行提供合法性的依据，大肆宣扬网络自由，攻击我国限制“网络自由”。美方声称“一个自由开放的互联网对 21 世纪有非常重要的意义”，攻击我国依法对互联网进行管理。西方国家还利用在网络技术方面的优势地位，大力加强“网络自由技术”研发力度，为突破他国网络关防，推行其“网络自由”渗透创造技术条件。例如，美国针对我国专门研发了旨在突破我国网络关防的“翻墙”技术，企图通过该技术使网络用户绕过相应的 IP 管控、内容过滤、域名劫持、流量限制，突破网络监管所屏蔽的网站浏览境外网站，实现对网络内容的访问，为其意识形态的渗透创造条件。

第三，网络成为各种错误思潮交会融合发酵的平台，对意识形态领域构成极大风险。互联网拥有海量信息，其构成源极为复杂多元。在互联网议题中，既有生活饮食方面的，也有政治经济文化方面的，同时，这些信息又相互渗透、相互影响。一个介绍西方饮食文化的议题，有可能包含着传播西方文化的内容。甚至一些以推销商品为目的的网站，也夹杂着传播利己主义、享乐主义的人生观和价值观，以及西方极尽奢侈过度消费生活方式方面的内容。由于互联网打破了传统传播的科层制，减少了传播层级，降低了传播门槛，因此，对这些议题的管控难度不断增加。互联网具有放大信息使其成为焦点的功能，这就使得网络舆情具有突发性和不可预测性。任何一个简单的事情，经由别有用心者的网络炒作，都可能远离真相，被无限放大，成为煽动民意、攻击党和政府的议题。一些网络推手，利用个别事件，兜售西方的“普世价值”，抹黑政府，攻击党的领导和社会主义制度。这方面的例子数不胜数。互联网创造了一批网络明星，这些人对其追随者有着巨大的影响力。有的网络明星利用其影响力，在境内外敌对势力支持下，在网络上公开散布错误思想，兴风作浪，煽动民意，其最终目的指向否定党的领导，否定社会主义制度。有的网络明星限于自身的思想素质、认识能力和觉悟水平，在一些议题上真相不明、是非不辨、黑白不分，发表了许多错误的观点，造成了极坏的影响。我们还必须看到，由于人们对互联网的依赖程度不断加深，不管网民愿意不愿意，只要在网上，就无可避免地会接触到各种渗透其中的错误思潮，这些都在一定程度上削弱和消解了主流意识形态宣传教育的影响力，使得社会主义核心价值观以及优秀传统文化遭到侵蚀，危害到我国社会主义意识形态安全。

我国在意识形态领域面临的风险还远不止上述几个方面。诸如宗教非法传播问题、互联网语言侵蚀语言纯洁性问题、封建迷信沉渣泛起问题等，都是我国意识形态领域必须面对的风险点。

三、防范化解意识形态领域的几个着力点

习近平总书记指出："各级党委要把做好意识形态工作摆在重要位置，加强组织领导，及时掌握意识形态形势和动态，对各种政治性、原则性、导向性问题要敢抓敢管，对各种错误思想必须敢于亮剑，帮助人们明辨是非，牢牢掌握意识形态工作主动权。特别是要防止各种敌对势力借机干扰和破坏，避免一些具体问题演变成政治问题、局部问题演变成全局性事件，避免出现大的意识形态事件和舆论漩涡。"①习近平总书记从战略和全局高度，对各级党委、政府和领导干部负起防范化解意识形态领域重大风险的政治责任提出了明确要求，是我们

① 中共中央文献研究室编：《习近平关于社会主义文化建设论述摘编》，中央文献出版社2017年版，第53页。

做好意识形态工作的根本指针。做好新时代意识形态工作，必须坚持和加强党对意识形态的全面领导，大力发展社会主义主流意识形态，不断增强意识形态领域的主导权、话语权，不断巩固马克思主义在意识形态领域的指导地位，不断巩固全党全国人民团结奋斗的共同思想基础。

（一）建设具有强大凝聚力和引领力的社会主义意识形态

巩固马克思主义在意识形态领域的指导地位，巩固全党全国各族人民团结奋斗的共同思想基础，是意识形态工作的根本任务。必须建设具有凝聚力和引领力的社会主义意识形态，深入学习宣传贯彻习近平新时代中国特色社会主义思想，推动党的理论创新成果宣传教育，使全体人民在理想信念、价值理念、道德观念上紧紧团结在一起。在意识形态领域必须毫不动摇地坚持马克思主义的指导地位，党员干部特别是高级干部要把系统掌握马克思主义基本理论作为看家本领。各级党委（党组）理论学习中心组、各级党校、干部学院、社会科学院、高校都要把马克思主义作为必修课，成为马克思主义学习、研究、宣传的重要阵地。只有巩固好马克思主义在意识形态领域的指导地位，才能站稳立场、明辨是非，才能更好地识别形形色色的错误思潮，构筑起防范意识形态领域的坚固防线。

意识形态领域的工作根本上是政治工作。民心是最大的政治，要始终把凝聚民心作为意识形态工作的出发点和落脚点。要坚持以人民为中心的工作导向，为党的中心工作服务，为维护最广大人民利益服务。必须保持鲜明的人民立场、代表人民的根本利益，顺应最广大人民对美好生活的向往和价值追求，把握最大公约数，画好人民同心圆，把全党全国人民的精神振奋起来，积极性主动性创造性发挥出来，万众一心、步调一致团结奋进。要用社会主义核心价值观凝魂聚气，把社会主义核心价值观融入社会发展各方面，转化为人们的情感认同、思想认同和行为规范，引导人们树立正确的历史观、民族观、国家观、文化观。

（二）把坚定“四个自信”作为建设社会主义意识形态的关键

一是要进一步筑牢“四个自信”的思想根基。要大力宣传中国共产党领导人民推进伟大社会革命的历史，使广大党员干部深刻认识到中国道路的历史必然性，深刻认识党的创新理论的真理性、深刻认识社会主义制度的独特优势，深刻认识中华优秀传统文化的时代价值，深刻认识社会主义文化的强大力量，打牢“四个自信”的思想基础，让理想信念的明灯永远在全国各族人民心中闪亮。二是要努力构建体现“四个自信”的话语体系。当前，在西强我弱的舆论斗争场上，围绕话语体系的争夺日趋激烈，我国国际传播能力还不够强，声音总体偏小偏弱。话语权的争夺，既关乎话语背后的理论，也关乎话语表达的能力。当前，我们尤其需要进一步增强话语表达的能力，要坚持以马克思主义为指导，加快构建中国特色哲学社会科学话语体系，在对外传播上提高议题设置能力、话语表达能力、思想引领能力，捍卫我国意识形态的话语权。三是要营造坚定“四个自信”的社会环境。大力弘扬中华优秀文化、革命文化和社会主义先进文化，发挥好文化对核心价值观的涵育作用。对中国人民和中华民族优秀文化和光荣历史，要加大正面宣传力度，经常讲，反复讲，增强中华儿女作为中国人的骨气和底气。要引导人们正确看待困难和问题，抵御社会上各种错误思潮的侵袭，在社会上形成一种积极自信、乐观向上的良好氛围。

（三）加快构建中国特色哲学社会科学体系，形成有效支撑社会主义意识形态的学科体系、学术体系、话语体系

哲学社会科学是人们认识世界、改造世界的重要工具，是推动社会发展和社会进步的重要力量，具有鲜明的意识形态属性。要加强马

克思主义学科建设，扎根中国大地，突出时代特色，树立国际视野，提高运用马克思主义指导学术体系建设和学术研究的能力，深化党的创新理论成果的学理阐释，将党的创新理论成果的核心思想、关键话语体系体现到各学科体系中。要坚持和加强党对哲学社会科学工作的领导，保证哲学社会科学研究始终保持坚定正确的政治立场，推动广大哲学社会科学工作者成为先进思想的倡导者、学术研究的开拓者、社会风尚的引领者、党执政的坚定支持者。要把人的建设摆到哲学社会科学各类建设的中心位置，积极涵育哲学社会科学持续繁荣发展的未来中坚，着力发现、培养、聚集一批有深厚马克思主义理论素养、学贯中西的思想家和理论家，一批理论功底扎实、勇于开拓创新的学科带头人，一批年富力强、锐意进取的中青年学术骨干，造就一支立场坚定、功底扎实、学风优良的哲学社会科学人才队伍。

（四）做大做强主流思想舆论

新闻舆论工作是社会精神力量的凝结剂、社会压力的减压阀、社会情绪的调节器，是最直接、最有影响力的意识形态工作，是党的工作的重要组成部分，直接服务于党的工作全局。意识形态领域的风险能否防范得住，很重要的一点就是看主流思想舆论的阵地是不是能守住。要旗帜鲜明坚持党管宣传、党管意识形态、党管媒体，坚持政治家办报、办刊、办台、办新闻网站，在政治方向、舆论导向、价值取向上立场坚定。无论是传统媒体还是新兴媒体，都要自觉置于党的领导之下，自觉用一把尺子量到底，传播好党的声音和主张，决不允许有“特殊成员”和“舆论飞地”。新闻媒体要增强战略定力，站稳政治立场，在“乱花渐欲迷人眼”的诱惑干扰面前，保持“乱云飞渡仍从容”的政治定力，决不能发表同党中央不一致的声音，决不能为错误思想言论提供传播渠道。要坚持以正确的舆论引导人，巩固扩大主流思想舆论，弘扬主旋律，传播正能量，激发全社会团结奋进、攻坚克难的强大力量，调动各方面的积极性主动性创造性。要强化斗争意识，在事关坚持还是否定四项基本原则的大是大非和政治原则问题上，不能躲躲闪闪、含糊其词，必须针锋相对，敢于亮剑，自觉抵制和有力回击西方舆论和国内一些错误思想观点。党的新闻舆论工作是一门科学，必须按照规律办事。“时度效”是检验新闻舆论工作的标尺。精准把握时机、节奏，才能占领先机、赢得主动；精心把握力度、分寸，才能拿捏到位、传播到位；努力取得成效、实效，才能赢得受众、产生影响。不管是主题宣传、典型宣传、成就宣传，还是突发事件报道、热点引导、舆论监督，都要从“时度效”着力，体现“时度效”要求。

（五）坚决打赢网络意识形态斗争

互联网是意识形态工作的主战场、最前沿。意识形态领域的许多新情况、新问题和风险点，往往因网而发生、因网而增大、因网而难控。境内外敌对势力都把网络看作在意识形态领域向我国渗透、颠覆的有力工具，使其成为产生、发酵和传播错误思想的温床，企图把互联网作为影响当代中国最大的变量。在这个舆论斗争的主战场上，能否顶得住、打得赢，直接关系到我国意识形态安全和政治安全。提升网络意识形态领域风险防范化解能力，必须加强互联网内容建设。在互联网争夺战中，内容永远是根本，内容有优势，争夺才有力量。要深入实施网络内容建设工程，加强网上正面宣传，创新改进网上宣传内容。传统媒体要和新媒体融合发展，实现优势互补。要深入开展网上舆论斗争，运用正确战略战术，努力消除网上负面舆论和负面影响，严密防范和控制网上攻击渗透行为。

提升网络意识形态领域风险防范化解能力，必须建立健全网络综合治理体系。一方面要着力建立健全网络综合治理法律法规，加强依法治网、依法管网、依法办网、依法上网，确保互联网在法治轨道上健康运行；另一方面要健全防范网络意识形态的工作联动机制、处置机制，形成党委领导、政府管理、企业履责、社会监督、网民自律等多主体参与，经济、法律、技术等多种手段相结合的综合治理格局。要加强顶层战略规划，要善于总结防御战经验，深入分析网络意识形态领域各级各类风险的发生机制、演变规律和深层原因，追溯风险源头，充分运用先进技术手段提升洞察网络意识形态领域风险的及时性、精准性，确保早发现、早预警、早行动。针对网络意识形态领域风险防控，研究出台专业化强、可操作性强的治理方案，切实提高防范网络意识形态领域的成效。

提升网络意识形态领域风险防范化解能力，必须营造清朗的网络空间。要加强网络引导工作，培育积极健康向上的网络文化，要弘扬主旋律，加强正能量，发挥先进文化、道德教化的影响作用，用社会主义核心价值观和人类优秀文明成果净化网络生态。在“立”的同时，还要勇于“破”，破除各种网络上的乌烟瘴气，同网络中的错误思潮做坚决的斗争。要进一步巩固和扩大网络上的“红色地带”，积极转化“灰色地带”，坚决清除“黑色地带”。各级党政机关和领导干部要有强烈的网络生态意识，对于网络上的群众意见，认真对待，积极引导，及时廓清模糊认识，及时化解怨言怒气，及时解决引发“线上”舆情的“线下”问题，使网络成为连接党和群众的有效平台。

（六）必须加强和改进新时代高校思想政治工作

做好高校的思想政治工作，是在高等教育领域、在青年学生当中筑牢防范意识形态风险的关键所在。要加强党对高校工作的领导，推动将思想政治工作融入人才培养各环节。在高校开展思想政治工作，必须围绕学生、关照学生、服务学生，不断提高学生思想水平、政治觉悟、道德品质、文化素养，让学生成为德才兼备、全面发展的人才。必须树立强烈的问题导向意识，认真梳理高校思想政治工作的难点，青年学生思想上的疑点，思想政治工作效果不彰的堵点。以存在的实际问题，包括思想上的问题和工作方法上的问题为突破口、切入点，不断创新高校思想政治工作的内容、方式和方法。要正确处理守正和创新的关系，一方面，要认真吸收我们党做青年思想政治工作的优良传统，把这些传统优势发挥好、用好；另一方面，要充分利用现代技术手段，切合青年人的特点，探索行之有效的新的方式方法。高校是思想汇聚地，是意识形态的前沿阵地。高校、院（系）等党组织书记、行政负责人要担负起政治责任和领导责任，要旗帜鲜明地反击、回应各种错误思潮，特别是要警惕以所谓“学术自由”为名诋毁马克思主义、否定马克思主义指导地位的思想和行为，切实保证党牢牢掌握高校思想政治工作主导权，巩固马克思主义在高校意识形态的主导地位，用科学理论培养人，用正确思想引导人，使高校始终成为培养社会主义事业建设者和接班人的坚强阵地。

（七）严格落实意识形态工作责任制

防范和化解意识形态领域的风险，必须坚持全党动手，形成各条战线各个部门齐抓共管的生动格局。要压紧压实做好意识形态工作的政治责任、领导责任，全面落实意识形态工作责任制。要加强对意识形态阵地的管理，落实谁主管谁主办和属地管理，防止给错误思想观点传播提供渠道。要加快补齐意识形态领域工作的短板，该补位的补位，该发声的发声，尽快解决马克思主义在一些学科中“失语”、教材中“失踪”、论坛上“失声”的问题。各级领导干部要按照“一岗双责”要求，抓好分管部门、单位的意识形态工作，指导和推动本部门本单位把意识形态工作要求融入各项工作，对职能范围内的意识形态工作负起主体责任，切实把意识形态工作的主体责任融入各项工作中。党员领导干部要强化始终站在意识形态斗争第一线的意识，发扬斗争精神，增强斗争本领，坚决地、彻底地与各种否定党的领导、否定中国特色社会主义制度的错误言行做不懈斗争；在重大原则是非问题上，要立场坚定、旗帜鲜明；在政治纪律和政治规矩面前，要心存戒惧，绝不允许发表违背中央精神的言论。在意识形态领域工作中，要注意正确区分和处理政治原则问题、思想认识问题、学术观点问题，要有利于加强党的领导，有利于凝聚党心民心，有利于促进改革发展稳定。

第四章　防范化解经济领域重大风险

2018年底召开的中央经济工作会议指出，我国经济运行稳中有变、变中有忧，外部环境复杂严峻，经济面临下行压力。这些问题是前进中的问题，既有短期的也有长期的，既有周期性的也有结构性的。要增强忧患意识，抓住主要矛盾，有针对性地加以解决。2019年1月21日，习近平总书记在省部级主要领导干部坚持底线思维着力防范化解重大风险专题研讨班开班式上的重要讲话中指出，当前我国经济形势总体是好的，但经济发展面临的国际环境和国内条件都在发生深刻而复杂的变化，推进供给侧结构性改革过程中不可避免会遇到一些困难和挑战，经济运行稳中有变、变中有忧。我们既要保持战略定力，推动我国经济发展沿着正确方向前进；又要增强忧患意识，未雨绸缪，精准研判、妥善应对经济领域可能出现的重大风险。

一、当前我国经济发展面临的重大风险形势

2019年，我国经济总体运行平稳，国内生产总值达到99.1万亿元，增长6.1%，继续保持了中高速增长，在全球主要经济体中名列前茅。就业物价总体稳定，外贸外资有所改善，国际收支基本平衡。总体上经济运行继续保持了总体平稳、稳中有进的发展态势，主要指标仍然运行在合理区间内。我国经济稳中向好、长期向好的基本趋势

没有改变，但是同时也要清醒地看到，目前外部不稳定不确定性因素继续增加，国内结构性矛盾仍然比较突出，经济运行面临的风险挑战仍然比较多。

（一）从国际看，世界大变局加速深刻演变，全球动荡源和风险点增多，我国外部环境更趋复杂严峻

经济全球化是不可逆转的历史大势，为世界经济发展提供了强劲动力。但是，自 2008 年国际金融危机以来，世界经济长期低迷。2020 年暴发的新冠肺炎疫情，对全球经济活动产生严重冲击，世界经济严重衰退。

1. 受全球疫情冲击，世界经济严重衰退

当前，新冠肺炎疫情全球大流行形势日趋严峻，国际产业链、供应链循环受阻，国际贸易投资萎缩，大宗商品价格普遍下跌。国际货币基金组织于 2020 年 4 月发布的《世界经济展望》指出，2020 年全球经济预计将急剧收缩 3%，比 2008—2009 年国际金融危机期间的情况还要糟糕得多，如图 1 所示。世界银行 2020 年 6 月发布的《全球经济展望》显示，由于内需和供应、贸易及金融严重中断，预计 2020 年全球经济将下滑 5.2%，陷入第二次世界大战以来最严重的经济衰退；预计发达经济体 2020 年的经济活动将收缩 7%；预计新兴市场及发展中经济体 2020 年将收缩 2.5%，为至少 60 年来整体上首次收缩。

2. 全球经济治理滞后，难以适应世界经济新变化

全球治理体制变革正处在历史转折点上。国际力量对比发生深刻变化，新兴市场国家和一大批发展中国家快速发展，国际影响力不断增强，是近代以来国际力量对比中最具革命性的变化。新兴市场国家和发展中国家对全球经济增长的贡献率已经达到 80%。而全球治理体系未能反映新格局，代表性和包容性很不够。全球产业布局在不断调整，新的产业链、价值链、供应链日益形成，而贸易和投资规则未能

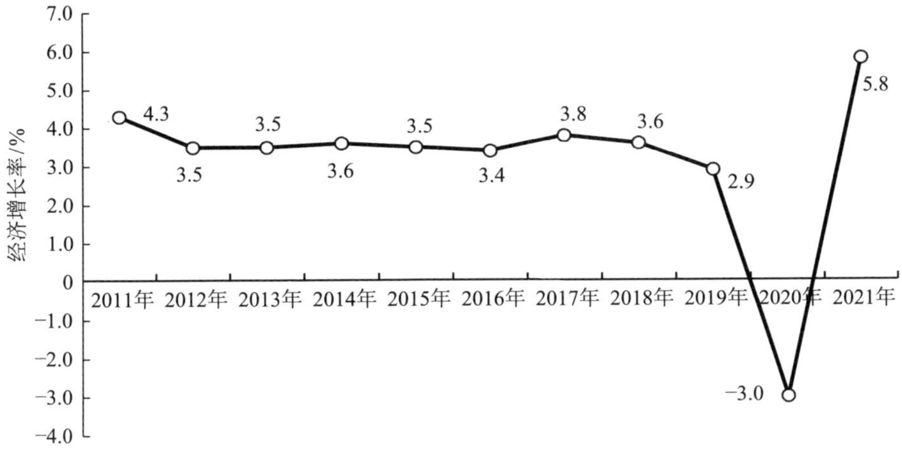

图 1　世界经济增长率①

跟上新形势，机制封闭化、规则碎片化十分突出。全球金融市场需要增强抗风险能力，而全球金融治理机制未能适应新需求，难以有效化解国际金融市场频繁动荡、资产泡沫积聚等问题。特别是新冠肺炎疫情暴发，导致国际供应链受阻、金融市场收紧、大宗商品价格暴跌，使得全球经济治理变革面临更大的不确定性。

3. 全球发展失衡，动荡源和风险点增多

当前全球化进程受阻，全球性问题突出，很重要的原因是全球发展失衡，特别是收入分配不平等、发展空间不平衡。全球最富有的1%人口拥有的财富量超过其余99%人口财富的总和，全球仍然有7亿多人口生活在极端贫困之中，气候变化、粮食安全、能源资源安全、网络安全等全球性问题也日趋严重。这是当今世界面临的最大挑战，也是一些国家社会动荡的重要原因。与此同时，单边主义、保护主义对世界经济的负面影响逐步显现，地缘政治风险积累发酵，各类风险的叠加也在冲击着世界经济的稳定增长。

① 根据国际货币基金组织2019年10月、2020年4月发布的《世界经济展望》数据绘制，2020年、2021年为预测值。

（二）从国内看，经济下行压力加大，经济运行稳中有变、变中有忧

我国经济正在由高速增长阶段转向高质量发展阶段，长期积累的矛盾与新问题新挑战交织叠加，经济下行压力有所加大。

1. 经济增长由高速转向中高速，但增速呈现下滑趋势

2019 年国内生产总值达 99.1 万亿元，已连续 9 年居世界第二位。改革开放以来，我国连续 30 多年保持了 9.8%左右的高速增长，创造了举世瞩目的增长奇迹。2008 年国际金融危机爆发后，我国经济没有出现大幅下滑，并在 2010 年实现了 10.6%的增速。但此后增速逐步回落，转入中高速增长区间，从 2011 年的 9.6%降至 2019 年的 6.1%，如图 2 所示。前期高速增长中要素投入占比过大，可持续性差，必须推进供给侧结构性改革，逐步转换增长方式，为持续稳定增长，防止经济大起大落的巨大风险打下基础。在结构优化、动能转换

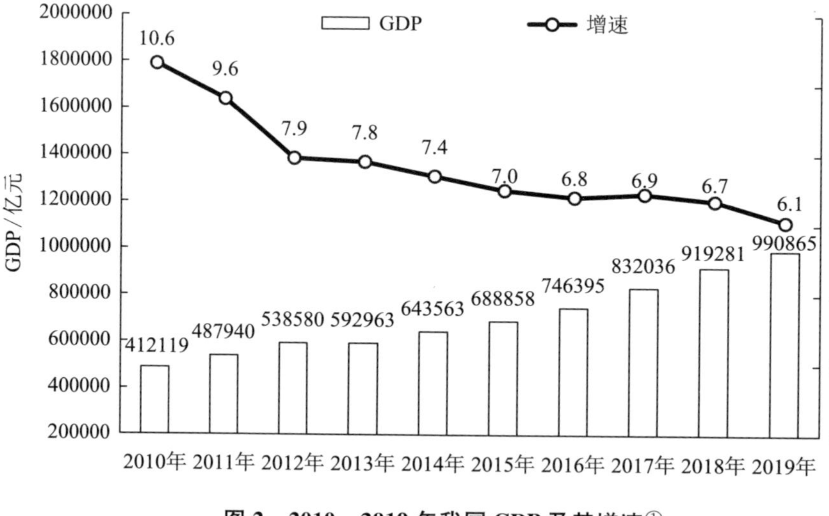

图 2　2010—2019 年我国 GDP 及其增速①

① 根据国家统计局数据绘制。

过程中，必然会带来增长速度下降。同时，我国经济经历多年高速增长后，经济总量日益庞大，各类要素生产率很难在短时间内有质的提高，边际增长率下调也属必然。

习近平总书记多次强调，发展是党执政兴国的第一要务，是解决我国一切问题的基础和关键。发展是硬道理，只有经济发展了，就业才能有保障，人民生活水平才能提高，对教育、医疗、环境保护等领域的投入才能增加。相反，如果经济增长放缓，对政治、社会、文化、生态等领域造成压力的机会加大，各种风险点比高速增长时期更容易转化为重大风险。也就是说，经济下行压力具有较强的负外部性，是重大风险防范的重点。当前，我国社会主要矛盾已经转化为人民日益增长的美好生活需要和不平衡不充分的发展之间的矛盾。我们既要面对增长速度放缓的客观现实，又要解决好数量庞大的就业，加大对教育、医疗、社会保障、生态环境保护等领域的投入，实现改革发展与稳定的动态平衡。因此，在经济下行压力加大的情况下，我们所面临的挑战更加严峻。

2. 从需求侧看，投资消费增长势头放缓，稳出口任务艰巨

宏观经济需求侧的投资、消费和出口是拉动经济增长的“三驾马车”，三者虽然并无固定的数量比例关系，但保持几个变量间的发展协调、抗压韧性是防范重大风险的关键。改革开放后，依靠大规模的投资、资源要素高投入驱动经济实现高速增长，但也导致我国的基础设施和钢铁、水泥、有色金属、房地产等行业产能过剩。投入驱动型增长方式除带来行业性产能过剩外，还容易挤压正常消费。比如，房地产价格畸高，大量的资金沉淀在房地产领域，加上我国长期以来的社会保障、文化传统等因素形成了公众低消费、高储蓄传统，导致最终消费占 GDP 的比重偏低。国内消费偏低，形成了有效市场需求不足，反过来又强化了经济增长对投资的依赖性，形成了经济增长的重大风险。

近年来，随着我国经济的结构优化，经济发展方式已然发生转变。但同时我们也要看到，驱动经济增长的“三驾马车”增长势头开始放缓。投资增长后劲不足，基础设施、制造业、房地产开发三大领域投资保持平稳增长的难度加大。国家统计局数据显示，2018 年全社会固定资产投资同比增长 5.9%，2019 年同比增长降至 5.1%。消费增长放缓，2019 年社会消费品零售总额同比增长 8%，为近 16 年来最低水平，如图 3 所示。出口增长前景不容乐观。改革开放初期实行出口导向型政策，出口一度成为经济增长的“发动机”。从改革开放到国际金融危机爆发前，30 年来我国出口总额年均增速达 18.7%，国际金融危机后大幅下降至个位数增长，2015 年、2016 年甚至出现负增长，2019 年仅增长 5%，对经济增长的贡献显著降低，稳出口的压力巨大。

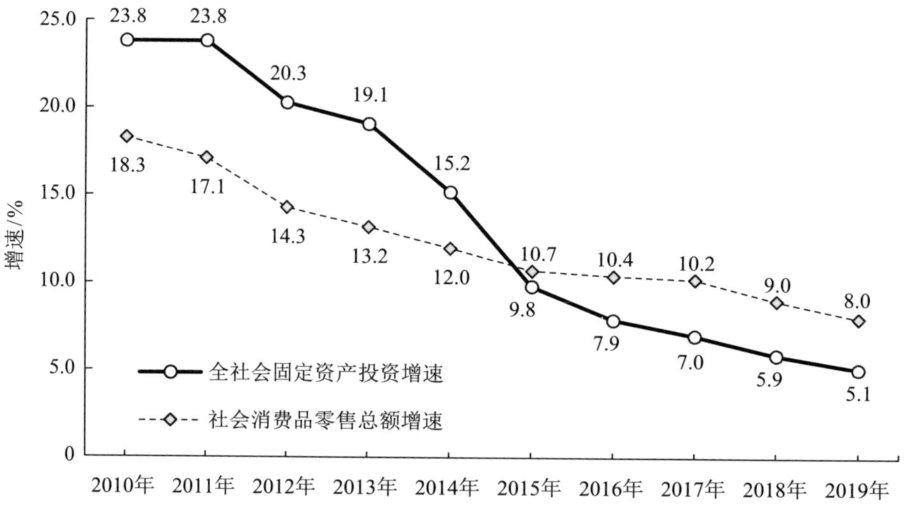

图 3　2010—2019 年我国投资和消费增速①

党的十八大以来，以习近平同志为核心的党中央作出了中国经济发展进入新常态的重大论断，实施创新驱动发展战略，逐渐开始消化这些风险的影响，并已取得明显成效。我国经济发展更加注重内生动

---

① 根据国家统计局全国年度统计公报数据绘制。

力，正由过去的主要依靠投资、出口拉动转向现在主要依靠消费、服务业支撑，对外部需求的依赖持续下降，但是重大风险隐患仍然不能低估。

3. 从供给侧看，资源环境约束日益增强、要素成本上升，有效供给与有效需求矛盾凸显

生产要素供给约束制约了潜在增长率的提升。人口红利衰减，直接导致劳动力成本上升，进而带动其他生产要素成本大幅上涨。要素成本不断提高，本质上要求调整优化要素结构以促进经济增长。然而体制僵化、垄断等都在不同程度上阻碍了技术进步，导致全要素生产率低下。供给侧调整表现出明显的黏性和迟滞，生产要素难以从无效需求领域向有效需求领域、从低端领域向中高端领域配置，新产品和新服务的供给潜力没有得到释放。

资源环境约束增强，发展与保护矛盾加剧。随着工业化、城镇化进程加快和消费结构升级，我国能源需求呈刚性增长，受国内资源保障能力和环境容量制约，以及人民群众对良好生态环境的期待和要求迅速上升，我国经济社会发展面临的资源环境瓶颈约束更加突出。我国是全球人均水资源最贫乏的国家之一，人均占有量约为世界平均占有量的 1/4；工业化、城镇化对耕地的大量占用与耕地保护红线之间的矛盾突出，建设成本不断加大。我国石油、铁、铝、铜、镍等大量依靠进口，2017 年原油进口量占消费量的比重达到 71.2%。① 从环境约束看，过去生态环境空间相对较大，粗放式发展对生态环境有很多“透支”，造成环境“断崖”。发达国家一两百年出现的环境问题，在我国 30 多年的快速发展进程中集中显现。现在环境承载能力已经达到或接近上限，给我国持续、健康发展带来压力，生态环境约束不断强化。

① 根据国家统计局数据计算。

二、我国经济领域的主要风险点

经过 40 多年的改革开放，我们进入了发展关键期、改革攻坚期、矛盾凸显期，在经济稳中向好、社会总体稳定的同时，各种风险挑战也不断显现。其中既有显性风险又有隐性风险，既有来自内部的风险又有来自外部的风险，既有一般风险又有重大风险，而且这些风险挑战呈现出交织性、复杂性、综合性等特点。经济基本面和重大经济变量的风险，常常通过风险隐患点表现出来。我们要精准识别研判这些风险点，才能下好先手棋，掌握工作主动权。

（一）贸易摩擦风险

贸易摩擦，是指在两国贸易状况不平等的状态下，一国利用提高关税等手段试图制裁和遏制对方国家以期达到一定政策目的，而对方国家也通过对应的惩罚或者其他措施实行反遏制的一种方式。2008 年国际金融危机以来，贸易保护主义、逆全球化在全球范围内有所升温。当前发生的中美贸易摩擦，就是在这种背景下发生的。

美国发起贸易战的原因是多方面的，但有其必然性。过去 30 年，美国针对中国的“301 调查”曾经发生过 6 次。2018 年以来，美国又一次发起了贸易战。黄奇帆在《新时代，中国开放新格局、新特征和中美贸易摩擦》的演讲中指出，中美贸易摩擦的发生有其必然性和长远性。第一就是“修昔底德陷阱”，即指一个新崛起的大国必然要挑战现存大国，而现存大国也必然会回应这种威胁，这样战争变得不可避免。中国重新走近世界舞台的中央，已经成为世界第二大经济体，经济总量超过美国的 60%，已经“危及到了美国第一”，2017 年白宫发布的一份《国家安全战略报告》中，已将中国视为“战略竞争对手”，称中国是挑战美国实力、影响力和利益，意图侵蚀美国安全和繁荣的

“修正主义国家”。[①] 第二就是社会主义市场经济和资本主义市场模式谁更优越这个问题，也使美国精神紧张。中国的经济发展模式，这40年来有明显优势：始终把改革开放作为中国发展的重要动力，在抓经济发展的同时，始终重视社会公平，体制优势、政治优势使我们保持经济40年持续增长，美国担心其地位受到挑战，于是“先发制人”对中国采取遏制措施。第三就是美国本身潜在新的经济危机风险。美国是全球债务规模最大的国家，其试图通过贸易战转嫁内在危机。中美两个最大的经济体爆发贸易战有其必然性，也将在今后一段时期内长期存在。

牛津经济研究院的一份报告认为，中美贸易摩擦已经成为中国面临的主要外部风险。贸易战持续发酵会加大我国经济下行压力，我们要充分认识可能引发的负面影响。

降低出口增速。贸易摩擦加大了对我国经贸直接的外部冲击，包括中国商品进入美国市场困难更大了，门槛更高了，出口增速已显著放缓。据国家统计局公报显示，2019年，中国货物出口增速5.0%，较2018年全年下滑2.1个百分点。中国对美国出口增速下滑更加明显，2019年，中国对美国货物出口额为28865亿元，比2018年下降8.7%。中国贸易伙伴结构发生变化，美国退居为中国第二大出口目的地、第三大贸易伙伴。出口下滑叠加外需低迷导致制造业投资下降，经济下行压力增大。

加大通胀和就业压力。通胀方面，贸易战引发进口商品关税增加而导致进口商品价格飙升，人民币汇率下跌叠加货币政策从保持流动性“合理稳定”至“合理充裕”转变，引发本币对外贬值可能导致其对内贬值预期。再加上国际大宗商品如石油价格上涨，亦可能引发输入性通胀。就业方面，据商务部发布的《全球价值链与中国贸易增加

① 参见任平：《美国挑起贸易战的实质是什么?》，《人民日报》2018年8月10日。

值核算研究报告》，2016—2017 年，中国每百万美元货物出口拉动中国就业 40.3 人次，截至 2017 年，中国货物出口拉动的本国就业为 9129 万人次；其中中国对美国每百万美元货物出口所拉动就业 39.2 人次，中国对美国货物出口一共带来了 1686 万人次的就业，占全年货物出口拉动就业人次的 18.5%。对美国出口下降，将加大我国国内的就业压力。

对资本市场形成冲击。中美贸易摩擦增加了资本市场的不确定性，导致投资者风险偏好下降，首先表现为股市下跌。随着贸易战的持续，出口会出现萎缩，贸易顺差收窄，进而减少货币派生渠道，导致资本市场的估值下降，可能会对外汇市场形成冲击，导致人民币持续面临贬值压力。最严重的情形是，如果其他国家也加入贸易战，国际贸易就会出现严重萎缩，国际分工被打乱，国际投资和国际金融规模都会受到冲击。

总之，中美贸易摩擦是我国面临的最大外部冲击，加大我国经济下行压力。贸易战是一把双刃剑，中美两国经济早已高度融合，我中有你，你中有我，美国向中国发起贸易战，既不利于中国经济，也不利于美国经济，更不利于世界经济复苏。

（二）房地产市场风险

房地产市场的健康平稳发展对降低金融乃至全局风险至关重要，对于打赢以防范化解重大风险为首的三大攻坚战至关重要。我国经济发展中，房地产业曾一度被当作重点培育的支柱性产业，并作为 20 世纪 90 年代推进住房制度改革的重要目标。房地产市场在我国经济增长过程中，也确实起到了先导性作用。而当前房地产市场和价格正处于一个十分敏感和关键的阶段，房地产领域潜在风险亟须化解。从金融企业看，商业银行大量的贷款都与房产或土地有直接或间接的联系，信用违约一旦发生，将会严重影响金融业的正常发展。中国社科院的数据显示，截至 2019 年第三季度末，中国居民部门的杠杆率高达 56.3%，不断侵蚀着居民储蓄和收入，过高的杠杆率会对消费和投资产生挤出效应，对经济增长的速度和质量都会产生抑制。“因此，未来房地产价格一旦显著下行，不仅会对商业银行资产负债表产生影响，更会对地方政府财政收入、中产阶层财富与经济增速产生显著压力。”[①] 北京大学国民经济研究中心发布的《中国经济安全展望报告 2018—2019：世界格局变动中的中国经济安全形势分析》指出，中国房地产市场主要存在房价持续下跌风险和基建投资稳增长作用较小时，政策转向房地产市场从而导致房地产泡沫进一步加剧的风险。

房地产资产泡沫一旦破裂，就会引发金融市场的剧烈动荡，加快市场金融风险转化为国家财政风险，进而对整个经济社会产生重大影响。近年来，随着供给侧结构性改革的推进，坚持“房子是用来住的，不是用来炒的”的定位，通过一系列政策举措加强市场调控，房地产库存明显减少。但是，房地产与金融、地方债务等绑缚在一起，长期形成的巨大风险隐患不是短期内就能够消化的。房地产市场的健康发展，要建立防范重大风险的长效机制，采用“慢撒气”的办法，逐步消化吸收房地产的风险隐患。

（三）债务风险

政府债务可划分为显性债务、隐性债务两种类型。就显性债务来说，2018 年中国地方政府债务规模为 18.46 万亿元，加上中央政府债务 14.96 万亿元，与上年 GDP 之比为 37%。这与所谓的财政风险警戒线 60%相比，还相差甚远。[②] 地方政府直接负债规模超过国债，说明地方政府直接负债仅从量上考虑，就已经超过国债，成为政府直接

① 王军：《积极应对经济领域九大方面风险》，《证券日报》2019 年 1 月 26 日。

② 参见时红秀：《地方政府债务风险的现状分析与未来展望》，《银行家》2019 年第 10 期。

显性负债中风险程度最大的组成部分。[①]“就隐性债务的规模而言，几年来若干研究机构测算出不同的结果，其中有的从债务端计算投地方政府融资平台的融资来源，有的从资产端估计基建规模中地方政府类项目的融资占比，基本上在25万亿～45万亿元。考虑还本付息，地方政府显性与隐性债务每年清偿规模5万亿～6万亿元，几乎达到每年地方财政支出规模的三分之一。”[②] 从总体上看，地方政府债务风险总体可控，但是增长速度较快，其风险值得警惕。

“债务—通缩”风险上升。杠杆率偏高是目前我国经济运行中的一大隐患，去杠杆也是供给侧结构性改革的重要任务。中国社科院的报告显示，2020年第一季度，非金融企业杠杆率大幅攀升，从2019年末的151.3%升至161.1%，上升了9.8个百分点。[③] 在债务高企环境下，一些企业“借新还旧”或者债务展期，偿债压力持续增大，可能触发债务违约。如果风险得不到有效防范化解，不断积累，有可能出现“债务—通缩”循环，即实体经济杠杆率过高→通缩造成实际债务上升→高负债企业债务展期和破产清算→银行不良贷款率上升→实体经济融资更难、下行压力更大。

（四）金融领域风险

习近平总书记指出，金融风险是当前最突出的重大风险之一，打好防范化解重大金融风险攻坚战是当前金融工作的重中之重。金融是经济的血脉，纵观世界，各国的经济发展都离不开金融的支撑。好的金融体系能有效分散风险，却很难消灭风险——经济兴，金融兴，每一个风险事件的根源都在实体经济；金融稳，经济稳，风险

---

① 参见中国社会科学院财政税收研究中心“中国政府资产负债表”项目组：《中国政府资产负债表2019》，《财经智库》2019年第5期。

② 时红秀：《地方政府债务风险的现状分析与未来展望》，《银行家》2019年第10期。

③ 参见张晓晶、刘磊：《宏观杠杆率攀升总债务扩大但未失控——2020年1季度中国杠杆率报告》，《经济参考报》2020年4月28日。

会通过经济和金融相互作用不断震荡放大，一旦失控则形成系统性危机。金融危机周期性背后是实体经济结构性，要从根源上防范化解金融风险就必须解决经济结构性问题。然而，风险与增长结构矛盾，经济持续增长必须主动转型，实体经济转型必令金融业承压遇险。

中国人民银行发布的《中国金融稳定报告（2019）》指出，在国内，经济运行周期性、结构性问题仍然存在，金融风险正在呈现一些新的特点和演进趋势。一是重点领域风险仍然较高。地方政府隐性债务存量规模大，公司信用类债券违约压力较大，房地产市场风险可能在某些区域显现，并可能传导至金融机构。二是重点机构和各类非法金融活动的增量风险得到有效控制，但存量风险仍然比较突出。个别金融控股集团、农村金融机构风险可能暴露，互联网金融特别是网络借贷风险仍需关注，非法集资形势仍然复杂。三是金融市场异常波动风险不容忽视。金融市场对外部冲击高度敏感，人民币汇率和外汇储备稳定承压，金融市场之间的风险交叉传染可能性加大。

（五）实体经济尤其是“僵尸企业”风险

在我国各类企业中，有一类企业最为特殊。这些企业基本上丧失了自我发展能力，效率低下、经营困难、技术落后，主要靠政府补贴、银行续贷和关联企业资源维持经营。这就是通常所说的“僵尸企业”。“僵尸企业”大多在传统行业，与一般企业不同，它们通常不产生效益，却占用了大量的土地、资金等重要的要素资源，严重影响资源优化配置。我国经济运行中的产能过剩问题，很大程度上与“僵尸企业”有关。“同时，‘僵尸企业’在市场上的无序竞争，对优质企业也会产生‘劣币驱逐良币’效应。‘僵尸企业’的存在，与健康发展企业通过债券、债务和投资权益关系形成千丝万缕的复杂联系，一旦发生危机事件，最容易形成重大经济风险点。”①

习近平总书记在省部级主要领导干部坚持底线思维着力防范化解重大风险专题研讨班开班式讲话中指出，要切实解决中小微企业融资难融资贵问题，加大援企稳岗力度，落实好就业优先政策。这也指出了目前我国经济发展中的一个重大风险点。长期以来，民营企业一直难以翻越融资的高山，直接融资没门、间接融资贵、责任无限大。一是“贷款追责”歧视。由于追责机制不同，同样是贷款坏账，贷给国企就“尽职免责”，贷给民企则要严加追责，导致银行不愿贷款给民企。二是民企贷款综合成本高。银行在对民企贷款利率上浮、对国企下浮的同时，对民营企业贷款又附加了各种隐形或变相收费，包括以贷转存、搭售商业保险、财务顾问咨询费等。三是民企融资险。民营企业家往往以自家财产抵押贷款，承担无限责任，企业破产则企业家倾家荡产。不少企业家反映，银行对民企贷款采取零风险态度，要求多个企业进行互保或联保，一旦“圈内”企业出现违约，“保险索”就会变成“连环雷”。中小微企业融资门槛高，但融资需求强烈，在这种情况下地下钱庄、影子银行、不法互联网金融泛滥，带来了重大金融风险，也反过来为中小企业发展带来更大障碍。

三、坚持稳中求进工作总基调，打好防范经济风险攻坚战

2020 年是全面建成小康社会和“十三五”规划收官之年，我们要实现第一个百年奋斗目标。面对国内外风险挑战明显上升的复杂局面，我们要坚持用辩证思维看待经济风险，精准研判、识别经济风险，统筹推进稳增长、促改革、调结构、惠民生、防风险、保稳定，确保不发生系统性金融风险，保持经济运行在合理区间。

---

① 王永钦、李蔚、戴芸：《僵尸企业如何影响了企业创新？——来自中国工业企业的证据》，《经济研究》2018 年第 11 期。

（一）保持战略定力，坚持用辩证思维看待经济风险

当前我国经济面临着复杂严峻的困难和挑战，这是我们建设社会主义现代化强国必须跨越的门槛。同时，我们也应该清醒认识到，当前和今后一个时期，我国经济稳中向好、长期向好的基本趋势没有变。只要直面挑战，坚定发展信心，增强发展动力，维护和用好我国发展重要战略机遇期，就一定能渡过难关，实现经济高质量发展。

从市场空间看，中国是世界上最大的潜在市场没有变。我国有14亿多人口的大市场，人民生活水平的快速提高、中等收入群体的稳步扩大将会创造大量消费升级需求。我国地域幅员辽阔，发展差异性大，产业类型多样，具有很强的抗冲击能力和巨大的韧性。差距就是潜力，差异就是空间，经济发展仍然有巨大的潜力与回旋余地。

从发展条件看，一方面，我国经济发展潜力巨大。中国是全球产业链体系最完整的国家。目前，我国拥有41个工业大类、207个工业中类、666个工业小类，形成了独立完整的现代工业体系，是全世界唯一拥有联合国产业分类中全部工业门类的国家。另一方面，发展基础不断加强。我国在基础设施、产业配套能力、人力资本等方面国际竞争力较强，尽管劳动力成本优势有所减弱，但综合比较优势依然明显，经济发展具有坚实支撑。

从制度优势看，我们有以习近平同志为核心的党中央坚强领导，有集中力量办大事的制度优势，有行之有效的宏观调控机制和政策举措，新一轮改革红利还将不断转化为发展新动力。我们一定要坚定信心，保持战略定力，抓住主要矛盾，有效应对各种风险挑战，变压力为加快推动经济高质量发展的动力，促进经济发展行稳致远。

（二）坚持稳中求进工作总基调，集中精力办好自己的事

要以习近平新时代中国特色社会主义思想为指导，全面贯彻党的

十九大精神和十九届二中、三中、四中全会精神，紧扣全面建成小康社会目标任务，坚持稳中求进工作总基调，坚持新发展理念，扎实做好自己的事。

坚持以供给侧结构性改革为主线，按照“巩固、增强、提升、畅通”的八字方针，不断巩固“三去一降一补”成果，有效缓解企业困难，增强微观主体活力，畅通国民经济循环，厚植实体经济发展根基。坚持推动高质量发展，加快现代化经济体系建设，推动农业、制造业、服务业高质量发展，加强基础设施建设，推动形成优势互补高质量发展的区域经济布局，加大实施创新驱动发展战略力度，扎扎实实抓好政策落实，久久为功增强发展韧性。坚持以改革开放为动力，深化经济体制改革，制定出台实施一批既利当前更利长远的改革举措，大力增强市场主体活力，建设更高水平开放型经济新体制。坚决打赢三大攻坚战，着眼全面建成小康社会全局目标，坚持底线思维，抓住主要矛盾，精准施策、攻坚克难，确保实现脱贫攻坚目标任务，确保实现污染防治攻坚战阶段性目标，确保不发生系统性金融风险。坚持培育发展国内市场。紧扣社会主要矛盾变化，不断满足和引领潜力巨大的国内市场需求，促进提升中长期发展潜力，推动经济平稳健康可持续发展。

（三）加强宏观调控，全力做好“六稳”工作

要坚持宏观政策要稳、微观政策要活、社会政策要托底的政策框架，创新和完善宏观调控，不搞“大水漫灌”和强刺激，实施区间调控，加强定向调控、相机调控和预调微调，坚持问题导向、目标导向、结果导向，提高宏观调控的前瞻性、针对性、有效性，运用好逆周期调节工具。

在具体工作中，要把握好“四个关系”。一是统筹好国内与国际的关系，既重视应对外部变化，更注重立足国内发展，稳妥有序解决好

国内长期积累的体制性结构性矛盾。二是平衡好稳增长和防风险的关系，把握好节奏和力度，统筹推进稳增长、促改革、调结构、惠民生、防风险、保稳定，在稳定经济增长、推动高质量发展中应对挑战、化解风险。三是处理好政府与市场的关系，充分发挥市场配置资源的决定性作用，更好发挥政府作用。在重大经济风险治理的机制设计上，要坚持以市场为基础。政府也需要在就业、教育、社会保障、医药卫生、食品安全、安全生产、社会治安、住房市场调控等方面，发挥更大作用，近期尤其是要解决中小微企业融资难、融资贵问题，并加大援企稳岗力度，落实好就业优先政策。四是把握好强化主体责任与加强协同联动的关系，充分调动各方面积极性，强化上下联动、部门协同、担当作为，确保党中央决策部署落到实处、见到实效。

（四）完善重大经济风险防控机制

习近平总书记在省部级主要领导干部坚持底线思维着力防范化解重大风险专题研讨班开班式上指出，要建立健全风险研判机制、决策风险评估机制、风险防控协同机制、风险防控责任机制等重大风险防控机制。我们要增强忧患意识，未雨绸缪，精准研判、妥善应对经济领域可能出现的重大风险。

加强预期管理，把握好宏观调控的度，有针对性地预调微调，强化政策协同效应，加快对稳预期有重要影响的重点领域和关键环节改革，并让改革举措真正落地。加强市场心理分析，做好政策出台对金融市场影响的评估，善于引导预期。及时回应社会关切，消除杂音噪声，引导好具有基础性的社会心理预期变化，避免市场出现误判，有效提振市场信心。

开展风险防范预演，在以往预警—评估—决策的经济风险管理流程的基础上，做好重大经济风险的情景模拟，为决策提供重要依据的工具手段。推行宏微观经济运行“压力测试”，尤其是对经济领域中最脆弱的环节开展“压力测试”，检验应对风险的能力，提高防控风险意识和能力，降低风险引爆的可能性。

完善经济运行监测预警机制，加强对各种风险源的调查研判，提高动态监测、实时预警能力，推进风险防控工作科学化、精细化，对各种可能的风险及其原因都要心中有数、对症下药、综合施策，出手及时有力，力争把风险化解在源头。把主动防范化解系统性经济风险放在更加重要的位置，加强风险监测预警，着力防范化解重点领域风险，完善经济安全防线和风险应急处置机制，严格规范市场交易行为等。在现有预警管理体系已经形成的基础上，建立完善“黑天鹅”预警指标体系、预警评估体系和预警应对体系，加强市场监测与监管协调，及时消除隐患。

第五章　防范化解科技领域重大风险

习近平总书记指出，科技领域安全是国家安全的重要组成部分。防范化解科技重大风险，维护国家科技安全，是一个时代的命题。近年来，随着科技革命和产业变革的加速推进，新技术、新产业加快发展，对经济社会发展的影响日益显著，全球围绕科技创新的竞争也更加激烈，科技领域的风险对于国家发展的影响越来越显著，需要我们保持高度警惕，采取有效措施应对和化解。

一、防范化解科技领域重大风险的重要意义

习近平总书记指出，中国要强，中国人民生活要好，必须有强大科技。防范化解科技领域风险，切实维护科技安全，是经济持续健康发展和社会大局稳定的坚强保障，是支撑国家安全的重要力量和物质技术基础，也是实现其他相关领域安全的关键要素。

（一）从历史上看，科技革命总是能够深刻改变世界发展格局

自古以来，科学技术就以一种不可逆转、不可抗拒的力量推动着人类社会向前发展。从某种意义上说，科技实力决定着世界政治经济力量对比的变化，也决定着各国各民族的前途命运。

16～17 世纪的科学革命标志着人类知识增长的重大转折。18 世纪

出现了蒸汽机等重大发明，成就了第一次工业革命，开启了人类社会现代化历程。19世纪，科学技术突飞猛进，催生了由机械化转向电气化的第二次工业革命。20世纪前期，量子论、相对论的诞生形成了第二次科学革命，继而发生了信息科学、生命科学变革，基于新科学知识的重大技术突破层出不穷，引发了以航空、电子技术、核能、航天、计算机、互联网等为里程碑的技术革命，极大提高了人类认识自然、利用自然的能力和社会生产力水平。一些国家抓住科技革命的难得机遇，实现了经济实力、科技实力、国防实力迅速增强，综合国力快速提升。

在绵延5000年的文明发展进程中，中华民族创造了闻名于世的科技成果。我们的先人在农、医、天、算等方面形成了系统化的知识体系，取得了以四大发明为代表的一大批发明创造。马克思说："火药、指南针、印刷术——这是预告资产阶级社会到来的三大发明。火药把骑士阶层炸得粉碎，指南针打开了世界市场并建立了殖民地，而印刷术则变成新教的工具，总的来说变成科学复兴的手段，变成对精神发展创造必要前提的最强大的杠杆。"① "中国古代科技曾超过同时代的欧洲，长期居于世界领先水平。"②

近代以后，由于封建统治者闭关锁国、夜郎自大，中国同世界科技发展潮流渐行渐远，屡次错失富民强国的历史机遇，从世界强国沦为任人欺凌的半殖民地半封建国家。鸦片战争之后，我们的民族经历了一个多世纪列强侵略、战乱不止、社会动荡、人民流离失所的深重苦难。我国落后挨打的根子之一就是科技落后。新中国成立以来特别是经过改革开放的不懈努力，我国科技发展取得了举世瞩目的伟大成就，科技整体能力持续提升，一些重要领域方向跻身世界先进行

---

① 习近平：《为建设世界科技强国而奋斗——在全国科技创新大会、两院院士大会、中国科协第九次全国代表大会上的讲话》，人民出版社2016年版，第4页。

② 焦郑珊：《展现中国古代科技的灿烂星空——读〈中国古代重要科技发明创造〉》，《人民日报》2018年6月12日。

列，某些前沿方向开始进入并行、领跑阶段，正处于从量的积累向质的飞跃、点的突破向系统能力提升的重要时期。

“纵观人类发展历史，创新始终是一个国家、一个民族发展的重要力量，也始终是推动人类社会进步的重要力量。不创新不行，创新慢了也不行。如果我们不识变、不应变、不求变，就可能陷入战略被动，错失发展机遇，甚至错过整整一个时代。”[①] 我们必须清醒认识防范化解科技领域重大风险的战略意义，抓住新一轮科技革命和产业变革的重大历史机遇，为实现中华民族伟大复兴的中国梦奠定坚实基础。

（二）从现实看，新一轮科技革命和产业变革正在重构全球创新版图、重塑全球经济结构

科学技术的发展不仅改变着我们所处的世界，也影响着国家的前途命运。新一轮世界科技革命和产业变革正孕育兴起，将给世界经济政治格局、产业形态、人们生活方式等带来深刻影响，也必将重塑世界科技竞争格局、改变国家力量对比。这场变革放大和助推了百年之变局，深刻地影响世界经济和中国经济的运行与走向。

信息技术成为率先渗透到经济社会生活各领域的先导技术，世界正在进入以信息产业为主导的时代。以人工智能、量子信息、移动通信、物联网、区块链为代表的新一代信息技术加速突破应用。随着以信息技术产业为代表的高技术产业的发展，高技术服务业所占比重将大大增加，也将促进以物质生产、物质服务为主的经济发展模式向以信息生产、信息服务为主的经济发展模式的转变。

“以合成生物学、基因编辑、脑科学、再生医学等为代表的生命科学领域孕育新的变革，融合机器人、数字化、新材料的先进制造技术正在加速推进制造业向智能化、服务化、绿色化转型，以清洁高效可

① 习近平：《为建设世界科技强国而奋斗——在全国科技创新大会、两院院士大会、中国科协第九次全国代表大会上的讲话》，人民出版社 2016 年版，第 6 页。

持续为目标的能源技术加速发展将引发全球能源变革，空间和海洋技术正在拓展人类生存发展新疆域。”① 智能、绿色科技成为未来科技为社会服务的基本方向，加速改变人类的消费和生活方式。

产业大变革，科学技术加速发展，信息、生命、制造、能源、空间、海洋等正在形成新的主导技术群，大数据、互联网、人工智能相互融合，成为引领产业变革的强大力量。“技术更新和成果转化更加快捷，产业更新换代不断加快，使社会生产和消费从工业化向自动化、智能化转变，社会生产力将再次大提高，劳动生产率将再次大飞跃。”② 颠覆性技术和革命性产品大量涌现，深刻影响着人类的生产生活及思维方式的变革，新产业、新动能、新技术等将成为影响经济增长的关键因素，改变甚至摧毁原有的经济体系。

正如习近平总书记指出的那样：“科技是国之利器，国家赖之以强，企业赖之以赢，人民生活赖之以好。中国要强，中国人民生活要好，必须有强大科技。”③ 马克思主义基本原理告诉我们，事物总是具有两面性，作用愈大，潜在的风险愈大。我们必须“抓住新一轮科技革命和产业变革的重大机遇，就是要在新赛场建设之初就加入其中，甚至主导一些赛场建设，从而使我们成为新的竞赛规则的重要制定者、新的竞赛场地的重要主导者”。④

（三）综合来看，我们比历史上任何时期都更接近中华民族伟大复兴的目标，我们比历史上任何时期都更需要建设世界科技强国

习近平总书记指出：“现在，我们比历史上任何时期都更接近实现

① 李海涛：《新时代中国特色社会主义发展战略》，人民出版社 2019 年版，第 47 页。

② 习近平：《为建设世界科技强国而奋斗——在全国科技创新大会、两院院士大会、中国科协第九次全国代表大会上的讲话》，人民出版社 2016 年版，第 7—8 页。

③ 习近平：《为建设世界科技强国而奋斗——在全国科技创新大会、两院院士大会、中国科协第九次全国代表大会上的讲话》，人民出版社 2016 年版，第 6 页。

④ 习近平：《在中国科学院第十七次全国代表大会、中国工程院第十二次院士大会上的讲话》，人民出版社 2014 年版，第 11 页。

中华民族伟大复兴的目标，比历史上任何时期都更有信心、更有能力实现这个目标。”① 中国要强盛、要复兴，就一定要大力发展科学技术，努力成为世界主要科学中心和创新高地。

我国经济社会发展比历史上任何时期都更需要科技创新。资源要素高投入驱动经济增长的方式已经难以为继，需要科技创新提供强大的驱动力；社会发展面临人口迅速老龄化、贫富差距问题、医疗问题等方面的挑战，需要依靠科技创新实现经济社会协调发展；生态环境面临资源环境承载力减弱、环境污染严重等问题，需要依靠科技创新满足人民对良好生态环境的愿望；能源安全、食品安全、网络安全、粮食安全等风险压力不断增加，需要依靠科技创新更好保障国家安全。但是，我国科技领域仍然存在一些亟待解决的突出问题，特别是同党的十九大提出的新任务新要求相比，我国科技在视野格局、创新能力、资源配置、体制政策等方面存在诸多不适应的地方。习近平总书记指出：“我国基础科学研究短板依然突出，企业对基础研究重视不够，重大原创性成果缺乏，底层基础技术、基础工艺能力不足，工业母机、高端芯片、基础软硬件、开发平台、基本算法、基础元器件、基础材料等瓶颈仍然突出，关键核心技术受制于人的局面没有得到根本性改变。我国技术研发聚焦产业发展瓶颈和需求不够，以全球视野谋划科技开放合作还不够，科技成果转化能力不强。”②

现在，我们迎来了世界新一轮科技革命和产业变革同我国转变发展方式的历史性交会期，既面临着千载难逢的历史机遇，又面临着差距拉大的严峻挑战。我们必须清醒认识到，有的历史性交会期可能产生同频共振，有的历史性交会期也可能擦肩而过。科技领域作出重大决策、制定科技政策和法律制度，都“必须把防风险摆在突出位置，

---

① 习近平：《为建设世界科技强国而奋斗——在全国科技创新大会、两院院士大会、中国科协第九次全国代表大会上的讲话》，人民出版社 2016 年版，第 7 页。

② 习近平：《在中国科学院第十九次院士大会、中国工程院第十四次院士大会上的讲话》，人民出版社 2018 年版，第 7—8 页。

‘图之于未萌，虑之于未有’，力争不出现重大风险或在出现重大风险时扛得住、过得去”。①

二、科技领域重大风险的主要类型

当前世界主要国家都把科技创新作为核心战略，我国在新一轮科技革命和产业变革中面临的重大风险主要有三类。

（一）科技发展的外部环境风险

科技发展需要良好的外部环境，在经济科技全球化的条件下，开放合作是大势所趋，外部环境的紧张将对科技发展造成严重的限制。

当今世界，科技发展需要更广泛深入的国际交流与合作。科学没有国界，技术的发展也必须着眼于全球竞争与合作。在经济全球化时代，科技发展与每个国家，乃至全人类的发展息息相关，任何一个国家都很难依靠独自封闭发展并长期保持科技领先，重大技术的突破越来越依赖全球合作，人类面临的许多全球性抗战更加严峻，也需要各国更广泛、深入地合作。因此，国际科技交流与合作既是科技发展的客观趋势，也是科技发展的必然要求。

科技创新外部环境趋于紧张。国际金融危机以来，全球治理结构改革难以达到预期结果，不断恶化的国际关系、地缘政治紧张和经济前景暗淡都给国际合作造成了巨大影响，全球化开放创新的环境逐步消失。“科学无国界”的理念日益受到挑战，对全球科技交流与合作产生限制，对全球科技发展造成不利影响，也将使我国科技创新发展外部环境更加紧张。

国际科技竞争更加激烈。世界科技经济一体化的趋势，使世界科

① 《习近平谈治国理政》第2卷，外文出版社2017年版，第81页。

技与经济的发展与各国之间的关系形成了竞争共存的局面。一方面，各国之间的科技经济联系日益密切，相互依存相互制约，谋求合作与协调、共存与发展；另一方面，各国之间的竞争更加激烈。纵观全球，许多国家都把强化科技创新作为国家战略，把科技投资作为战略性投资，大幅度增加科技投入，并超前部署和发展前沿技术及战略产业，实施重大科技计划，着力增强国家创新能力和国际竞争力。特别是“近年来，以美国为首的发达国家对国际科技交流与合作采取更加严格的管制措施，比如制定新的出口管制清单，限制我国企业对美国高技术企业的并购，限制科技人员的交流等，严重影响了我国对外科技交流与合作。未来一定时期内，美国很多新的管制措施将陆续生效，可能带动全球进入国际科技对立的紧张局面，使我国外部技术来源渠道变窄，给我国国际科技合作交流带来严重的影响”。①

（二）科技发展自身的风险

科技的发展与进步往往是探索未知领域，人类社会的进步也是在这种不断探索中实现的。这种探索具有不可预知性，必然面临风险。

科技发展不能实现预期目标的风险。从科技研发的规律来看，大多数的研发都会失败，大量的人力、物力和资金的投入可能血本无归。对一个国家而言也是如此。当前，我国正式启动新一轮国家中长期科学和技术发展规划的研究，制定发展目标，确定重点领域和重点任务。方向目标上的定位是我们必须解决的重大问题，也是风险所在。如果方向上发生偏差，其影响将是致命的。同时，一些重点任务的研究能否达到预期目标，也是我们必然面对的风险。

重大科技基础设施不完善的风险。正如完善的基础设施是经济长期持续稳定发展的重要基础，技术基础设施是实现科学技术升级和创

---

① 陈宝明：《高度警惕并有效防范化解科技领域重大风险》，《中国党政干部论坛》2019 年第 3 期。

新的重要基础。我国正在从追赶性创新走向自主型创新的关键时期，适应市场需求的原始创新和科技源头供给不足成为制约创新的重要障碍，更需要科技基础设施建设的支撑。但是，“我国在很多基础性技术的发展上缺乏自主可控能力，特别是信息技术的底层、基础性技术掌握在美国等少数国家手中，使世界的互联网发展始终面临不可控的风险。比如俄罗斯为了应对‘断网’风险，一方面，努力构建自己的网络；另一方面，开展与全球互联网连接的断网测试，检验应对外部互联网威胁的能力，这些都是在基础技术被控制之下的无奈之举”。①

关键核心技术受制于人的风险。经过多年积累，我国已成为具有重要影响力的科技大国。但是与发达国家相比，我国总体创新能力和核心竞争力还不强，产业发展水平总体上处于国际分工的中低端，一些重点领域仍以跟踪模仿为主，技术储备不足，大部分关键技术仍然受制于人。个别国家对产业链、供应链、创新链的极限施压，会给我们带来严重影响。近年来发生的华为事件、中兴事件，让我们更加清醒地认识到，在突破部分产业关键核心技术、取得巨大科技成就的同时，很多产业的关键核心技术受制于人，比如芯片、操作系统、发动机、精密仪器以及重大装备、重要材料、关键元器件等，严重影响国家科技安全、经济安全和国防安全等诸多方面。关键核心技术受制于人，使我国产业发展面临着巨大的被“卡脖子”风险。

科技研发及应用产生的脆弱性风险。现代科技日益渗透到各行各业，使得经济社会发展的脆弱性显著上升。新技术的发展会引发产业变革，进而会引发产业新旧交替，给产业结构和产业要素带来冲击。比如：数码相机的发展，使传统胶卷产业迅速衰落；移动通信技术发展，导致寻呼机产业短短几年时间就快速消亡。人类经济社会对互联网等信息技术依赖更加严重，网络安全风险更加凸显；物联网、大数

---

① 陈宝明：《高度警惕并有效防范化解科技领域重大风险》，《中国党政干部论坛》2019 年第 3 期。

据发展带来产业变革以及政府和企业在数据隐私性与安全性方面面临挑战；金融科技加快发展，导致数据高度集中，增加了发生系统性金融风险的可能性。技术飞跃导致的不稳定性和不确定性增加，由此可能对人类发展产生巨大威胁。比如：转基因技术在造福人类的同时，也可能对人类健康、农业生物和环境生物构成极大的影响，其潜在风险仍然难以估量。

（三）科技发展引发的社会、道德伦理等方面的风险

现代科学技术成了人类经济发展、社会进步最核心的驱动力。然而，现代科学技术发展为人类打开了通往新世界的大门后，也带来了社会、道德伦理等方面的挑战和风险。

第一，社会风险方面。新技术推广应用可能导致贫富差距加大。互联网、平台经济发展使财富能够在短期内迅速积聚，信息技术快速发展造成数字鸿沟日益扩大，导致社会底层人群由于新技术应用而被遗弃，收入分配差距、区域发展不平衡以及城乡发展差距等呈现扩大趋势。新技术推广应用可能加剧就业压力。比如：随着智能制造技术的发展，制造业大量使用智能机器人代替工人，无人超市、无人酒店等业态也相继出现，网络购物对实体商场造成的冲击，这些都可能会导致一部分人失业，造成短期内社会矛盾集聚。快速发展的科技以及应用所带来的社会矛盾可能突然集中释放，产生“黑天鹅”事件，继而对科技发展本身带来伤害。互联网成为社会公众诉求表达的重要渠道和平台，传播速度快、范围广、碎片化的网络舆情，对社会治理提出了新挑战。即时通信、社交媒体和日益增长的数字空间为极端和恐怖分子开展极端宣传和招募活动创造了条件，给国家带来非传统安全威胁。新科技固有的不确定性导致与之有关的社会风险与环境政策、法律等各种问题深刻纠缠在一起，我们当前面临的这种严峻挑战，在未来只会有增无减。

第二，道德伦理风险方面。随着科学技术的能量越来越大，把控不好它的危险也日益加剧。如果任其无约束地发展，它的潜在成果既有可能造福人类，也有可能摧毁人类的生存与社会秩序。基因编辑技术、人工智能技术、辅助生殖技术等前沿科技迅猛发展在给人类带来巨大福祉的同时，也不断突破着人类的伦理底线和价值尺度。近年来，基因编辑婴儿、器官移植等重大科技伦理事件频繁发生。人工智能技术可以让人类从一般的智能活动中解脱出来，集中精力从事各种创新性发现、发明活动。然而，人工智能系统一旦失去控制或被不正当利用，就有可能对人类构成重大威胁。埃隆·马斯克称人工智能技术“是人类文明面临的最大危险”。人类胚胎基因编辑技术能修改人体胚胎、精子或卵细胞细胞核中的DNA（脱氧核糖核酸），达到“重新设计人类”的效果，这被认为既不道德，也不合法。科技向善是新技术发展必须坚持永恒不变的宗旨，新技术发展过程中必须充分考虑社会伦理道德，加强伦理道德安全风险防范，实现技术发展与社会伦理道德建设相向而行。

三、科学防范和有效化解科技领域重大风险

当今世界，科技与经济社会发展各领域的融合日益紧密，科技领域的风险往往与经济社会各领域风险交织在一起。因此，科技领域风险的严重性日益增加。随着我国科技进步水平的提高，我们更要认真研判和识别，紧紧抓住对当前和未来一定时期经济社会发展产生影响的重大风险，既要有防范风险的先手，也要有应对和化解风险挑战的高招。

（一）加强体系建设和能力建设，提高创新体系整体效能

打铁必须自身硬，防范和化解科技风险，最根本的是提高自身的创新能力。体系建设和能力建设是能力提升的保障，我国应进一步完

善国家创新体系，着力破除当前研究机构科研工作分散封闭、交叉重复的体制机制障碍，着力解决资源配置重复、科研力量不集中、创新主体功能定位不清晰等突出问题，构建权责清晰、开放协作、运行高效的新型体制机制。同时，我国应进一步加强和完善国家创新体系的战略规划和顶层设计，明确企业、高校、科研院所等创新主体在创新链不同环节的功能定位，激发各类主体创新激情和活力，建立完善既符合国情，适应经济、社会和科技发展水平，又遵循科技经济发展规律的国家创新体系。加快构建军民融合发展体系，完善军民融合组织管理体系、工作运行体系、政策制度体系，清除“民参军”“军转民”障碍。加大知识产权保护执法力度，完善知识产权服务体系。

（二）加快补短板，建立自主创新的制度机制优势

坚持科技创新和制度创新“双轮驱动”，以问题为导向，以需求为牵引，在实践载体、制度安排、政策保障、环境营造上下功夫，在创新主体、创新基础、创新资源、创新环境等方面持续用力。加快建立科技咨询支撑行政决策的科技决策机制，注重发挥智库和专业研究机构作用，完善科技决策机制，提高科学决策能力。加大力度突破制约产业发展的核心关键技术。要增强“四个自信”，以关键共性技术、前沿引领技术、现代工程技术、颠覆性技术创新为突破口，敢于走前人没走过的路，努力实现关键核心技术自主可控，把创新主动权、发展主动权牢牢掌握在自己手中。大力加强基础研究，提高原始创新能力，充分发挥基础研究对科技创新的源头供给和引领作用，瞄准世界科技前沿，抓住国际科技发展大趋势，“下好‘先手棋’，打好基础、储备长远，甘于坐冷板凳，勇于做栽树人、挖井人，实现前瞻性基础研究、引领性原创成果重大突破，夯实世界科技强国建设的根基”。[①] “加大

① 习近平：《在中国科学院第十九次院士大会、中国工程院第十四次院士大会上的讲话》，人民出版社2018年版，第12页。

应用基础研究力度，以推动重大科技项目为抓手，促进创新链和产业链精准对接，加快科研成果从样品到产品再到商品的转化，把科技成果充分应用到现代化事业中去。”① 充分发挥市场决定性作用和更好发挥政府作用，形成重大科技进步与产业技术创新协同推进的有效机制，加快补齐产业发展的技术短板。

（三）加强重大创新领域战略研判和前瞻部署，在关键领域、“卡脖子”的地方下大功夫

“加强对关系根本和全局的科学问题的研究部署，集合精锐力量，作出战略性安排，尽早取得突破，力争实现我国整体科技水平从跟跑向并行、领跑的战略性转变，在重要科技领域成为领跑者，在新兴前沿交叉领域成为开拓者，创造更多竞争优势。要把满足人民对美好生活的向往作为科技创新的落脚点，把惠民、利民、富民、改善民生作为科技创新的重要方向。”② 抓紧布局国家实验室，重组国家重点实验室体系，建设重大创新基地和创新平台，高标准建设国家实验室，进一步强化国家实验室作为创新基础平台引领者的地位，推动大科学计划、大科学工程、大科学中心、国际科技创新基地的统筹布局和优化。建设重大创新基地和创新平台，形成国家战略科技力量，完善产学研协同创新机制，系统提升我国科技创新能力，为应对科技领域风险、保障国家安全提供战略支撑，夯实自主创新的物质技术基础。

（四）强化事关国家安全和经济社会发展全局的重大科技任务的统筹组织，强化国家战略科技力量建设

强化战略领导力，解决好在哪些方面创新的问题。加强对国民经

---

① 习近平：《在中国科学院第十九次院士大会、中国工程院第十四次院士大会上的讲话》，人民出版社 2018 年版，第 12 页。

② 习近平：《在中国科学院第十九次院士大会、中国工程院第十四次院士大会上的讲话》，人民出版社 2018 年版，第 11—12 页。

济和社会发展需求的研判，加强科技研发项目立项和组织方式的改革，优化科技创新资源和要素的配置，使科技研发更加贴近经济和社会发展需求。强化人才吸引力，解决好由谁来创新的问题。牢固确立人才引领发展的战略地位，全面聚集人才，着力夯实创新发展人才基础。创新人才评价机制，建立健全以创新能力、质量、贡献为导向的科技人才评价体系，形成并实施有利于科技人才潜心研究和创新的评价制度。要完善科技奖励制度，让优秀科技创新人才得到合理回报，释放各类人才创新活力。强化协同应对，解决好和谁共同创新的问题。一方面，统筹国内、国际两个大局，坚持以全球视野谋划和推动科技创新，全方位加强国际科技创新合作，积极主动融入全球科技创新网络，深入参与全球科技创新治理，在国际规则重构中形成科技发展的良好环境；另一方面，要加强部门之间的协同，有效防范科技风险与其他各类风险联动。

（五）加快科技安全预警监测体系建设，保障科技产业安全

密切跟踪世界科技发展前沿方向，结合我国重点领域、重大工程、重大项目部署和实施，加强对重点领域的持续关注与预警，分析可能存在的科技安全风险和重大隐患，增强科技安全意识，加强评估预警。加强技术安全风险防范，构建技术安全监测体系，加快制定新技术应用标准和规范，强化新技术应用安全测试，构建新技术应用安全评估机制，确保技术应用安全有保障。加强产业安全风险防范，结合技术发展趋势和新技术成熟度，加快制定新技术涉及领域产业转型升级规划，降低新技术应用引发的新旧产业更替带来的冲击和影响。加强科技保密宣传和教育培训，提高全社会科技保密意识，扩大科技惠民的覆盖面，缩小数字鸿沟，有效防范和化解社会矛盾。建立重大科技安全事件应急处理机制，围绕人工智能、基因编辑、医疗诊断、自动驾驶、无人机、服务机器人等领域，加快推进相关立法工作，建立健全

新技术领域法律法规。加快新技术应用监管能力建设，加快面向新技术发展的测试、监测、评估、认证等实验室和在线平台能力建设，为主管部门进行行业监管提供有效技术支撑保障。

（六）加强科技伦理道德安全风险防范，守好科技安全“红线”

加强科研伦理审查的法规建设和行政监管，积极推进科研伦理体系建设。建立和完善防止科技滥用审查制度，加强推广应用前的伦理道德问题评估，防止个人或企业为了自身利益，扭曲技术应用，肆意践踏伦理道德的“红线”。“综合技术、管理、法律、伦理、道德等方面专家，分行业分领域设立新技术应用伦理道德委员会，从技术、算法、数据、规则、应用等多方面，加强对行业新技术应用伦理道德的研究、咨询和指导。加强新技术应用伦理道德准则研究，要综合考虑社会需求、发展趋势、应用场景、潜在风险、民族风俗、文化习惯、宗教信仰、法律法规等相关要素，本着与时俱进、促进发展、造福人类的原则，加快制定各种新技术应用领域伦理道德准则，明确相关技术应用伦理道德禁区。”①

---

① 陆峰：《加快科技安全预警监测体系建设》，《学习时报》2019 年 3 月 20 日。

第六章　防范化解社会领域重大风险

人民安全是国家安全的宗旨，国家安全归根到底就是要为群众安居乐业提供坚强保障，其中的重要方面是防范和化解社会领域重大风险。习近平总书记指出："维护社会大局稳定，要切实落实保安全、护稳定各项措施，下大气力解决好人民群众切身利益问题，全面做好就业、教育、社会保障、医药卫生、食品安全、安全生产、社会治安、住房市场调控等各方面工作，不断增加人民群众获得感、幸福感、安全感。要坚持保障合法权益和打击违法犯罪两手都要硬、都要快。对涉众型经济案件受损群体，要坚持把防范打击犯罪同化解风险、维护稳定统筹起来，做好控赃控人、资产返还、教育疏导等工作。要继续推进扫黑除恶专项斗争，紧盯涉黑涉恶重大案件、黑恶势力经济基础、背后'关系网''保护伞'不放，在打防并举、标本兼治上下功夫。要创新完善立体化、信息化社会治安防控体系，保持对刑事犯罪的高压震慑态势，增强人民群众安全感。要推进社会治理现代化，坚持和发展'枫桥经验'，健全平安建设社会协同机制，从源头上提升维护社会稳定能力和水平。"①

---

① 《提高防控能力着力防范化解重大风险　保持经济持续健康发展社会大局稳定》，《人民日报》2019年1月22日。

一、防范化解社会领域重大风险的意义

（一）社会领域风险具有普遍性、多发性特点，处理不当极有可能引发关联性、综合性的社会危机

德国社会学家乌尔里希·贝克在《风险社会：新的现代性之路》中指出，在现代性的连续性之中，另一种社会形态正在形成，其中未知的、意图之外的后果成为影响历史和社会发展的重要力量，它们使现代社会成为一个风险社会，社会发展变化越快，风险也就越多。近20年以来，随着全球化、信息技术等的快速深入发展，各国面临的社会风险较之以往更难以预测和控制，影响范围和破坏性也更大。2008年，美国次贷危机演变成全球性金融危机，引发多国社会动荡。2011年，突尼斯小贩街头自焚，引发西亚北非地区社会动荡，突尼斯、埃及等国政权更迭。2013年，巴西上调10美分公交车票价，引发20多万人走上街头和全国性大规模抗议活动。2018年，法国政府小幅上调燃油税引发“黄背心”运动，运动首日逾28万人参与，是法国巴黎50年来最大的骚乱，运动持续一年多，重创法国经济。这些事件表明，在紧密联系的社会中，一个并不重大的事件、决策可能引发经济、政治、宗教等领域风险，形成局部社会危机、全国性社会动荡，甚至诱发全球性危机，成为“茶杯里的风波”。有的外部势力为了自身利益，利用和插手当事国社会危机，暗箱操作、推波助澜，扩大了危机的影响范围，增加了危机的持续时间和破坏程度。

（二）我国经济高速发展和社会建设相对滞后的矛盾，积累了相当数量的社会矛盾，导致社会风险具有易发性特点

改革开放40多年以来，我国经济高速发展，现代化进程呈现“高度压缩性”的特点，这一发展进程必然导致其他方面建设滞后并存在

诸多短板、弱项。我国内生性社会风险量大、面广，呈现以下若干新特点。一是风险源头多、分布广、燃点低。有的风险点分布领域广，有的风险持续多年，不断酝酿发酵，临界状态运行，甚至不时发生公共安全事件和社会稳定事件。二是新旧矛盾交织。有的风险点内外并存、传统与非传统叠加，不同种类风险交织叠加共振之势有所增强，有可能形成复合性风险。三是复杂程度高。有些风险借助社会信息化的迅猛发展，容易迅速传播放大，跨区域、跨系统传导震动，复杂程度倍增。四是治理难度大。有些风险来自经济社会长期发展积累的深层次矛盾，短期内或在现有政策体系内难以解决。例如环境治理等问题，它们是 40 多年经济快速发展的“社会成本”，治理好这些问题，同样需要一个长期缓慢的过程。此外，边疆地区分裂暴恐风险因素、港台地区政治风险因素向内地倒灌，可能触发社会风险个案；国际势力实施政治、贸易、经济、金融甚至军事等方面战略性行动，助推中国社会风险升级，甚至促成复合性风险的现实可能性上升。①

（三）我国由富变强的历史进程中内生性矛盾与外源性矛盾有可能交织出现

当今世界处于“百年未有之大变局”，中国迎来由富到强的重大转折点。作为全球第二大经济体，我们在全面走向世界舞台中央的同时，也必然面临空前增大的国际压力。“二战”后 70 年，世界政治经济格局深刻演变，全球经济不确定性增大、大国竞争和地缘政治斗争激烈、“黑天鹅”事件和“灰犀牛”事件频发，全球动荡源和风险点增多，导致我们面临的国际环境更加趋于复杂。特别是遏制与反遏制的战略性较量趋于激烈，有向经济、政治、军事、科技、意识形态等领域全方位发展的迹象。在全球化条件下，这些外源性风险容易向国内传导，

---

① 参见孔祥涛：《科学推进新时代社会风险治理》，《中国党政干部论坛》2019 年第 3 期。

并对各种内生性风险发生作用，甚至叠加、共振形成复杂的经济、政治、社会风险。同时，在外部势力的干涉下，一些内生性风险隐患也为外源性风险的输入和滋生提供了温床，使其由外到内逐步渗透，并可能演化为新的重大风险点。从西方和拉美主要国家发展经验教训看，在由新兴大国到新兴强国、跨越中等收入陷阱的关键发展阶段，管控好涉及全局性、战略性、决定性的重大风险隐患，特别是防范外部势力在国内政治经济的负面干涉，直接关系民族复兴和国家发展进程。

二、社会领域重大风险隐患

社会领域包括与群众紧密相关的社会治安、教育、医疗、安全生产等各个方面，社会领域重大风险的触发因素与表现形式具有很大的不确定性。总体上看，社会领域风险隐患主要有两大类。一是系统性社会风险，主要是一些结构性的社会风险隐患，它们一般是潜伏的、不易察觉的，却是影响社会整体健康有序发展的决定性因素。二是非系统性社会风险，它们具有即时性与偶发性，一般直接表现为影响社会和谐稳定的各类事件，非系统性风险有转化为系统性风险的可能性，进而对社会整体造成全局性的负面影响。从触发风险的源头因素看，当前社会领域面临的重大风险挑战主要有以下五个方面。

（一）涉众型经济案件引发的社会风险

涉众型经济案件主要包括投资消费领域纠纷引发的社会风险。近年来，随着金融创新步伐加快和居民投资意识增强，经济业态多样化发展的同时也出现了一些投资消费陷阱，例如网络借贷、投资理财、私募股权、虚拟货币、电子商务、消费返利、慈善互助、互联网养老等领域，线上犯罪与线下犯罪叠加，容易成为涉众型经济案件的“重灾区”。这类案件具有人员多、地区广、网络化、智能化、隐蔽性等特征，破案取证难度大，追赃挽损率低，社会危害巨大。2017 年以来，全国公安机关会同相关行政监管和司法机关，先后查处了“善心汇”“钱宝”“善林金融”“云联惠”等一大批全国性重特大案件，相继组织开展了“猎狐行动”和打击非法集资、网络传销、地下钱庄犯罪等系列专项行动，共破获各类经济犯罪案件 9 万余起，挽回直接经济损失上千亿元，为服务经济社会发展、促进社会公平正义做出了积极贡献。此外，随着经济活动的增加，房地产、大宗商品、二手车等投资消费领域矛盾纠纷亦有增加趋势。这些案件往往涉案人数众多、金额大、破案难，极易引发大规模群体性事件，是社会领域的重大风险隐患。特别是在城市地区，金融经济类风险相对较为突出，信息技术的普及运用进一步加剧了风险在地区间的流动、转移和叠加，使风险在地区分布上呈现出更加显著的扁平化特征。对于外来务工人员、老人、贫困人员等风险易感人群而言，他们受经济社会发展过程中各类不确定因素的冲击相对较大，自我防范化解风险的能力也相对较弱，也易于诉诸非理性的意见诉求表达方式。

（二）违法犯罪引发的社会风险

近年来，我国社会治安持续向好，但各类违法犯罪问题仍客观存在，一些民事、刑事案件可能演化升级，加重了风险隐患。特别是在扫黑除恶高压态势下，黑恶势力犯罪行为可能改变手段手法，更加隐蔽化和复杂化，成为引发社会领域风险的潜在的重大风险隐患。“2018 年 1 月，最高人民法院、最高人民检察院、公安部、司法部联合出台《关于办理黑恶势力犯罪案件若干问题的指导意见》，明确将把持基层政权、横行乡里、欺行霸市等 11 类黑恶势力违法犯罪作为打击重点。针对涉黑涉恶违法犯罪新动向，以及涉黑涉恶案件证据标准、恶势力违法犯罪认定、涉案财产处置等存在争议的问题，政法部门出台对

‘保护伞’、恶势力和‘软暴力’违法犯罪的认定，依法打击‘套路贷’、黑恶势力非法放贷、网络涉黑涉恶犯罪等7个方面的司法解释和指导意见，为办理涉黑涉恶案件提供更加明确细化的法律依据。”①

（三）自然灾害或重大安全事故引发的社会风险

生活生产安全直接关系到人民群众的切身利益。“在自然与生态安全领域，全球气候变化、地理条件等使得我国成为世界上自然灾害最为严重的国家之一，灾害种类多、分布地域广、发生频率高、造成损失重。”“我国不少地方大气污染防治难度大，重污染时有发生，各种人为污染环境事件也屡禁不止，人民群众反响强烈。这些不仅对人民生存环境带来极大威胁，也突出地影响着人民群众的安全感。”② 近些年，我国抗自然灾害风险能力已经有了显著增强，但切不可掉以轻心，防灾减灾工作任重道远。从生产方面看，近些年，全国安全生产形势总体稳定好转。据2018年全国安全生产工作会议公布的消息，2017年与2012年相比，我国事故起数和死亡人数同比分别下降33.9%和22.2%，重特大事故同比分别下降57.6%和62.8%；亿元生产总值死亡率、工矿商贸十万人死亡率、煤矿百万吨死亡率，同比分别下降51.1%、38.6%和71.7%。但同时，也要清醒看到，我国安全生产隐患仍然不少，重特大事故仍时有发生。比如，2015年发生的“东方之星”号客轮翻沉事件是由自然原因（突发罕见的强对流天气带来的强风暴雨袭击）导致的特别重大灾难性事件，造成442人遇难。同年发生的天津港“8·12”瑞海公司危险品仓库特别重大火灾爆炸事故造成了严重损失，造成165人遇难、8人失踪、798人受伤住院治疗，直接经济损失68.66亿元。③ 2017年11月，长春长生生物科技有限公司和

① 倪弋：《扫出一片朗朗乾坤》，《人民日报》2018年12月28日。

② 李雪峰：《防范化解社会领域重大风险的若干思考》，《行政管理改革》2019年第4期。

③ 参见全国干部培训教材编审指导委员会编：《全面践行总体国家安全观》，人民出版社、党建读物出版社2019年版。

武汉生物制品研究所有限责任公司生产的各一批次共计65万余支百白破疫苗效价指标不符合标准规定，并且流入了市场，这一药品安全事件给人民生命健康带来极大威胁。自然灾害或安全事故等突发事件发生后，除造成群众生命财产损失外，还往往衍生出社会恐慌、舆情向背等不稳定因素，严重影响居民生活基本安全感，甚至造成社会局部不稳定等问题。

（四）突发公共卫生事件引发的社会风险

突发公共卫生事件是指突然发生的、已经造成或者可能造成社会公众健康严重损害的重大传染病疫情、群体性不明原因疾病、重大食物和职业中毒以及其他严重影响公众健康的事件，主要包括传染病疫情、群体性不明原因疾病、食品安全和职业危害、动物疫情，以及其他严重影响公众健康和生命安全的事件。例如，发现肺鼠疫、肺炭疽、传染性非典型肺炎、人感染高致病性禽流感病例，以及发生烈性病菌株、毒株、致病因子等丢失事件等。若处理不当，突发公共卫生事件危害性极大，不仅对人民群众身体健康造成损害，而且扩散后会对整个社会的经济发展造成严重破坏，引发社会恐慌和社会动荡。自2005年世界卫生组织（WHO）设立国际关注的突发公共卫生事件机制以来，共宣布过6次“国际关注的突发公共卫生事件”，分别为：2009年甲型H1N1流感疫情，2014年西非埃博拉疫情，2014年野生型脊髓灰质炎病毒疫情，2016年寨卡病毒疫情，2019年刚果（金）埃博拉疫情，2020年新冠肺炎疫情。这些突发公共卫生事件都造成了严重危害，例如2009年始发于墨西哥、美国的甲型H1N1流感疫情，截至2010年5月，214个国家和地区超过130万人感染，总死亡人数约1.8万人，患者平均死亡率为1.4%；始于2013年12月的西非埃博拉疫情，至2014年8月，报告1711起病例，其中932例死亡，病死率高达54.5%。我国在2003年暴发的SARS事件是一次全球性传染病疫潮，曾引发了人们的恐慌，对人民群众生命健康造成了巨大危害。截至2003年8月16日，中国内地累计报告非典型肺炎临床诊断病例5327例，死亡349例；中国香港报告1755例，死亡300人；中国台湾报告665例，死亡180人。2020年在全球暴发的新冠肺炎疫情，至2020年6月中旬，全球感染人数已超过800万人。为控制疫情发展，多数国家和地区都在一定程度上采取了社会管制措施，限制人口聚集和流动，一些地方经济发展接近停滞，疫情对经济社会发展和社会心理都造成了不可估量的损失。

（五）其他各类不确定因素引发的社会风险

社会风险隐患蕴含于日常生活的方方面面，如果处理不好就可能由个别事件引发为群体性事件，甚至形成大规模、系统性风险。例如因企业倒闭、停工、拖欠工资等问题引发的劳资、债务或市场买卖纠纷，甚至只是邻里口角等一些小矛盾，若处理不当，都有可能导致个体极端事件。这类风险虽不具有系统性、结构性的特征，但在信息化条件下，相关问题的敏感性、关联性增强，容易形成社会热点，冲击社会心理。在老龄化社会到来、二孩政策放开等因素影响下，住房、教育、就业、养老、医疗等资源的供需矛盾更加突出，需要谨防因个别事件所引发的系统性社会风险。尤其是随着微信、微博等移动终端自媒体的普及，社会风险越来越多地呈现出“舆论先行”“网上网下联动”的趋势，有的因谣言、煽动或不正确的预期等造成社会心理波动甚至恐慌，从而引发实际的社会风险。

三、防范化解社会领域重大风险的着力点

社会领域包括与群众紧密相关的社会治安、教育、医疗、安全生产等各个方面，社会领域直接关乎群众的获得感、幸福感、安全感。

党的十八大以来，我国社会领域建设成就显著，群众获得感显著增强，社会保障日益完善，社会治理水平明显提升，我国抗风险能力不断增强，社会风险总体可控。然而，我们也要清醒地认识到，随着经济社会的发展，群众民生诉求的标准日益提高，社会竞争加剧，社会形势日益复杂，新型犯罪模式不断产生，社会治理难度加大，中国面临的各种风险挑战前所未有，呈现多维度风险交织、多领域风险叠加的趋势。其中，社会风险因素极易在经济、金融、科技、国际政治等方面风险因素作用下放大，并向政治等领域传导。因此，科学推进新时代社会风险治理，有效防范和化解社会领域重大风险，是摆在我们面前的一项重要任务。要加强理论创新、制度创新、实践创新，用客观的视角去正视风险、了解风险，增强公共危机管理意识，从统筹经济社会发展全局的高度去驾驭风险、治理风险，不断完善风险防控机制，主动迎击各类风险挑战，打好防范化解社会领域重大风险攻坚战，全力维护社会安全稳定与经济健康发展。

（一）增强风险意识，提高社会风险的认知程度和重视程度

社会风险直接威胁到社会稳定的大局，面对复杂多变的国际环境、艰巨繁重的国内发展改革任务和社会发展不平衡不充分的现状，我们要清醒认识到，当前社会风险出现频次多，变化速度快，交织复杂且危险程度高。要有分清事件轻重缓急的能力，透过复杂多变的社会现象看到问题本质，科学预见形势发展并做好应对策略。当前，不少领导干部没有经历过风险考验，承平盛世时间长了总认为风险挑战不足畏惧，时间长了总会风平浪静。他们对风险的认知存在认识短板，或忽视风险、轻视风险，或对风险的科学认识不足，看不到风险发展的动态性、综合性、交互性、破坏性。对此，要充分认识防范化解社会领域重大风险的重要性和紧迫性，全面提升对社会风险的科学认知与深刻理解。一是提高政治站位，加强对社会风险的重视程度。社会风

险直接威胁到社会稳定大局，防范化解社会领域重大风险，是各级党委、政府和领导干部的政治职责。面对复杂多变的国际环境和艰巨繁重的发展改革任务，各级领导干部要以高度的政治责任感高度重视、妥善处理社会领域的各种风险隐患，科学防范化解重大风险，在遇到新问题、棘手问题时要真重视、敢担当、有能力。二是深化对社会风险的科学认识，提高识别和处置风险的能力。伴随着社会分工细密化、社会结构复杂化，整个现代社会都面临着风险挑战，实际上具有更大的脆弱性。社会风险不仅广泛存在，而且每一种风险具有多重属性，相互交织、彼此渗透，具备了强烈的“风险共生”特质和连锁反应可能。因此，要加强政治理论、党纪法规、社会治理等知识学习，不断积累经验提升能力。通过能力的提升，强化系统思维，认清社会风险的本质和发展变化规律，科学预见形势发展和隐藏其中的风险挑战，抓住社会风险的主要矛盾和发展趋势。特别是要杜绝“火烧眉毛再处理”的落后思维，做到未雨绸缪，推进社会风险的科学防控。

（二）构建以防为主、防治结合的社会风险防治体系

构建系统化制度化的现代风险防治体系，增强政府规避和应对社会风险的各项能力，也是治理体系和治理能力现代化的重要内容。一是完善防范为先、防治结合的系统化风险治理机制。风险治理是覆盖事前事中事后的全过程管理，而不仅仅是危机爆发后的应急处置，因此，建立实行一套关口前移、标本兼治、高度法治的运行制度对于风险治理更为重要。其中重要的一个方面是，要加强风险的监测、甄别和预警工作，利用大数据提升智慧化风险防控手段，提高社会风险评价与预测精准化水平，以此来锚定重点问题和突出风险，找准风险产生根源，为积极主动应对和防止风险传递扩散预留足够的缓冲时间。二是构建政府主导、多元共治的协同化风险治理格局。政府要强化主

导责任，从全局出发统筹考虑各方面、各层次风险因素，作出整体性、长远性制度安排。落实好有关职能部门或机构统筹社会风险防范与治理的综合性工作，探索吸纳社会专业机构和专业人士参与。由于风险具有快速扩散的特征，建议在区域范围内建立相邻市县、乡镇参与的社会风险研判联席会议机制，共享信息、协作研判、合力化解已出现的风险点。同时，吸收社会力量参与风险治理，完善政府与社会共同参与的风险治理机制，达成共识，形成风险治理合力。三是加快社会治安防控体系建设。在快速推进工业化、城镇化、信息化和市场化过程中，我国社会治安形势出现了新情况新特点，党中央对此进行了专门部署，要求依法打击和惩治突出的社会治安问题。应完善社会治安防控运行机制，做好决策前风险研判、实施中风险管控、实施后效果评价和反馈纠偏工作，通过个案情况发现共性问题。同时，重点打击黄赌毒黑拐骗等违法犯罪活动，将这些滋生社会风险的恶性土壤铲除干净，进一步回应人民对美好生活的向往。

（三）坚持民生取向，补齐社会发展短板，提高公共服务质量

习近平总书记指出："要切实落实保安全、护稳定各项措施，下大气力解决好人民群众切身利益问题，全面做好就业、教育、社会保障、医药卫生、食品安全、安全生产、社会治安、住房市场调控等各方面工作，不断增加人民群众获得感、幸福感、安全感。"[①] 防范化解社会领域重大风险，说到底就是为人民而防，就要围绕影响、威胁人民利益的风险展开防范工作。这就要求我们必须坚持以人民为中心的发展理念，下大气力解决好人民群众切身利益问题，切实保障民生，这是防范和化解社会风险的根本。一是优化分配结构，推进教育、就业领域公平。有效调整收入分配结构，控制收入差距扩大趋势，培育营造

① 《提高防控能力着力防范化解重大风险　保持经济持续健康发展社会大局稳定》，《人民日报》2019 年 1 月 22 日。

有利中间阶层发展壮大的环境，建立中等收入者占绝对多数的橄榄型社会。重视发展机会公平，保障和提升社会纵向流动性。加大力度推进教育公平，为农民工随迁子女和农村留守儿童提供有质量保障的义务教育。在经济增速放缓、去产能化加速的背景下，尤其要重视就业，抓好高校毕业生、农村转移劳动力、失业人员的就业问题。二是不断提升社会保障与公共服务水平，强化社会安全感。当前产生社会风险的其中一个原因就是政府提供的公共服务难以满足人民群众日益增长的多样化多层次需求。要进一步完善低收入群体社会保障体系，在保障家庭基本生活的同时兼顾就业激励目标，提高保障效率，有效帮扶困难群众和高风险人群。进一步提升养老、医疗等社会保障水平和可持续性，不断增强包括养老在内的公共产品和公共服务供给能力。进一步提升完善提供公共服务的各项机制，扎实抓好基础设施建设、民生工程和社会事业发展，完善公共服务体系，解决好人民群众在衣食住行、柴米油盐、生老病死等方面的实际问题。三是积极回应人民群众诉求，保护群众切身利益。要以增进人民福祉、促进人的全面发展为出发点和落脚点，办实事、解决真问题，杜绝“大闹大解决、小闹小解决、不闹不解决”的“和稀泥”式解决方法，公正解决人民群众遇到的不公或者历史遗留问题。

（四）严厉打击违法犯罪，坚决铲除黑恶势力“保护伞”

违法犯罪行为关乎群众利益和安全感，黑恶势力更是社会安定的毒瘤，扫黑除恶事关群众切身利益、民心向背与执政根基。习近平总书记强调，要继续推进扫黑除恶专项斗争，紧盯涉黑涉恶重大案件、黑恶势力经济基础、背后“关系网”“保护伞”不放，在打防并举、标本兼治上下功夫。一是要贯彻党中央决策部署，以扫黑除恶专项行动为抓手，坚决打击违法犯罪行为，依法严惩涉黑涉恶犯罪，净化社会治安环境。近几年，我国坚持高压严打、依法严惩，形成打击黑恶势力的压倒性态势："截至今年 11 月，全国共打掉涉黑组织 1082 个。"[①] 二是要把扫黑除恶与打击"防护网""保护伞"结合起来打防并举，坚决惩治涉黑涉恶腐败及其"保护伞"，推进扫黑除恶工作常态化、长效化。截至 2018 年 11 月底，"全国纪检监察机关共立案查处涉黑涉恶腐败和'保护伞'问题 11829 起，给予党纪政务处分 8288 人、移送司法机关 1649 人"。"通过深挖彻查'保护伞'，进一步清除了党员干部队伍中的害群之马，净化了党风政风，崇法尚德、扶正祛邪的正气更加充盈。"[②] 三是要加大行动力度，把打击黑恶势力违法犯罪和反腐败、基层"拍蝇"结合起来，对涉黑涉恶事件应查尽查，筑牢堤坝、夯实基础，铲除黑恶势力滋生蔓延土壤。截至 2018 年 10 月底，"全国共排查整顿 5.1 万个软弱涣散村党组织，对查处的 1141 名涉黑涉恶村干部及时撤换。对基层'两委'换届的 10 个省区市取消了 5.1 万名不符合条件的人选资格，村'两委'换届秩序明显改善，基层党组织政治功能有效发挥"。[③] 四是要坚决打击涉众型经济案件，同时注重化解风险、维护稳定，做好资产返还、教育疏导等工作。五是要进一步加强和创新社会治安防控体系，完善"天网""雪亮"等平台，实现立体化、网格化治安布局，加强街面巡逻防控和重点区域、重点行业、农村偏远地区治安管理，全面提升群众安全感。

（五）着力推进基层治理，抓好社会风险防治重点

基层是社会稳定的底网，防范化解社会领域重大风险的根基在基层、在细末。要进一步构建高效率、有活力的新型基层治理体系，不断扩展公共治理的内在动力源。一是做好基层舆情排查预警，防范化

① 倪弋：《扫出一片朗朗乾坤》，《人民日报》2018 年 12 月 28 日。
② 倪弋：《扫出一片朗朗乾坤》，《人民日报》2018 年 12 月 28 日。
③ 倪弋：《扫出一片朗朗乾坤》，《人民日报》2018 年 12 月 28 日。

解矛盾与信访风险。坚持和发展新时代“枫桥经验”，有效整合基层组织和群众参与社会风险防范化解。在整合社会力量的基础上，发动群众做好基层舆情风险排查工作，及时掌握隐患、及时化解纠纷、及时排查风险，防止发生重大舆情事件，依法合理解决群众合理合法诉求。二是加大新技术应用，助力社会治安防控体系建设。创新立体化社会治安防控体系，完善“天网”“鹰眼”等平台，根据人口密度、治安状况和地理位置实现立体化、网格化治安布局，加强街面巡逻防控，加强对重点区域、重点行业、农村偏远地区的治安管理。建立社会治安防控信息平台，防控风险由依靠传统手段向大数据提升智慧化防控手段转变，对社会风险评价由模糊不清向精准画像转变。三是培育健康社会心态，构建和谐社会关系。以培育自尊自信、理性平和、积极向上的社会心态为目标，将社会心理服务体系建设作为民生实事工程，构筑社会心理防线，化解社会矛盾风险。①

① 参见曹晗蓉：《有效化解社会领域重大风险的着力点》，《安徽日报》2019 年 2 月 26 日。

第七章　防范化解外部环境领域重大风险

习近平总书记指出："我们看世界，不能被乱花迷眼，也不能被浮云遮眼，而要端起历史规律的望远镜去细心观望。综合判断，我国发展仍然处于可以大有作为的重要战略机遇期。我们最大的机遇就是自身不断发展壮大，同时也要重视各种风险和挑战，善于化危为机、转危为安。"[①] 把握好时代潮流和天下大势，既要善于在变局中保持定力，赢得主动、赢得优势，抓住我国发展的重要战略机遇期，又要清醒看到全球动荡源和风险点增多的严峻形势，着力防范化解来自外部领域的重大风险，维护好主权、安全、发展利益，为我国改革发展稳定营造良好外部环境。

一、外部环境领域重大风险对我国的影响

总体良好的外部环境是一个国家发展的重要条件。在国家发展的历史进程中，无可避免地要受到国际上各种各样挑战的影响。能不能营造一个良好的外部环境，能不能防范住外部环境领域的重大风险，从某种程度上说，决定着国家的前途和命运。这是历史和现实给我们的深刻启示。

---

① 《习近平谈治国理政》第 2 卷，外文出版社 2017 年版，第 442 页。

（一）近代中国的历史说明，来自外部环境持续恶化的“外患”将陷国家于停顿、倒退、落后的境地

第二次鸦片战争结束后，同治、光绪年间，风雨飘摇的清政府为了挽救衰败的命运，曾经发起了围绕强固国防的自强运动，包括兴办新式学堂、开矿办厂、建立海军等。但是随着1894年甲午战争的失败，自强运动宣告失败，中国进一步沦为更多列强瓜分的弱国。同治到光绪年间，世界格局较第一次鸦片战争结束时发生了巨大的变化。日本在富国强兵、殖产兴业、文明开化的口号下，迅速成为亚洲强国，对我国的野心日益暴露。“铁血宰相”俾斯麦成功统一了北德意志联邦与巴伐利亚，建立了德意志帝国。意大利逐步完成统一，美国结束南北战争恢复了国家统一，法国工业化迅速发展。这些帝国主义国家纷纷走上了扩张之路，把中国视为瓜分的对象。从整个国际环境看，同治、光绪年间，除英国之外，更多的列强加入了瓜分中国的行列。在这样列强环伺、炮舰开路的外部环境下，清朝政府自强运动的目的是不可能实现的。辛亥革命后，从北伐战争结束到卢沟桥事变，在短暂的十年间，中国一批仁人志士致力于民族复兴，大力兴办铁路、航空、教育，发展民族工业，然而，在日本帝国主义的侵略下，最终无法在当时实现振兴中华的愿望。近代史上中国两次自强运动都归于失败，和恶劣的外部环境、帝国主义的侵略不无关系。历史的教训昭示我们，不能营造总体良好的外部环境，不能捍卫主权和国家领土的完整，及时防范化解来自外部环境领域的风险，做好自己的事、发展好自己是不可能的。

（二）改革开放以来我国迅速发展壮大，得益于我们始终能够成功地化解外部环境领域的风险，牢牢把握住了我国发展的战略机遇期

改革开放40多年，是中国人民阔步跃进的40多年，也是我国成

功应对复杂外部环境考验、把握难得的战略机遇期的40多年。面对东欧剧变的严峻考验，中国共产党人稳住阵脚、沉着应对、顶住压力、科学预判，采取一系列措施防范化解了这一来自外部环境领域的重大风险，把中国特色社会主义事业不断推向前进。面对西方动辄挥舞的“制裁大棒”，如1989年政治风波后西方国家在政治经济文化等领域的全方位制裁，中国共产党人表现出非凡的勇气和智慧，通过开展全方位外交，通过与其他国家关系的改善，粉碎了西方制裁的图谋。邓小平同志说：“中国人吓不倒。我们不想得罪人，我们要扎扎实实干自己的事，但谁要干涉或吓唬我们，都会落空。中国人有自信心，自卑没有出路。过去自卑了一个多世纪，在中国共产党领导下站起来了。庞然大物吓唬人，中国人不怕。”[①] 面对经济全球化的考验，我国在坚持独立自主原则下不断扩大对外开放，加入世贸组织，积极利用外资，深度参与国际分工，加大科技创新力度，加快经济发展方式转变，推动形成全面开放新格局，使我国成为经济全球化的坚定推动者、积极参与者，使经济全球化的考验转化成为促进我国经济发展的力量。面对亚洲金融危机冲击的风险，我国坚定信心、沉着应对，从事前预警到事后安定，都做了充分的准备，将这次风险对我国的影响降到了最低限度。面对2008年国际金融危机，我国采取一系列政策措施，努力增强调控的预见性、针对性和有效性，积极应对国际金融危机的严重冲击，使我国在外部环境的严峻考验下保持了经济平稳较快发展。党的十八大以来，面对复杂变化的世界，在以习近平同志为核心的党中央领导下，我们“不畏浮云遮望眼”，不惧风雨勇向前，有效应对来自外部环境领域的各种考验，积极倡导构建人类命运共同体，深入推进全方位外交布局，实施共建“一带一路”倡议，促进全球治理体系变革，坚定维护国家利益，为我国改革发展稳定营造了良好外部环境，

① 《邓小平文选》第3卷，人民出版社1993年，第326页。

为世界和平与发展作出了中国贡献。

（三）当前世界百年未有之大变局，与中华民族处于伟大复兴的关键时期叠加，抓住战略机遇期，对防范和化解外部环境领域风险具有十分重大的意义

经过长期努力，中国特色社会主义进入了新时代，这是我国发展新的历史方位。党的十九大明确，从 2020 年到 21 世纪中叶的 30 年，全面建设社会主义现代化国家分两个阶段来安排。第一个阶段，从 2020 年到 2035 年，在全面建成小康社会的基础上，再奋斗 15 年，基本实现社会主义现代化。第二个阶段，从 2035 年到 21 世纪中叶，在基本实现现代化的基础上，再奋斗 15 年，把我国建成富强民主文明和谐美丽的社会主义现代化强国。在我国阔步迈向现代化征途中，中国在发展，世界在变化，中国与世界的关系也在变化。当前，地缘战略之争、国际规制主导权之争、国家治理模式之争、高科技之争、价值观之争交织在一起，全面展开。地区冲突此起彼伏，国际军控和防扩散体系受到新的挑战，国际恐怖主义向全球化、长期化、高技术化、多样化、分散化方向发展，安全威胁日益复杂化。经济全球化遇到挑战，贸易保护主义抬头，世界贸易组织在解决全球贸易摩擦方面的机制受到破坏。与此同时，围绕网络的争夺日趋白热化。在世界局势呈现复杂多变的情况下，以美国为首的西方国家加紧对我国实施战略遏制。特朗普上台后抛出的《国家安全战略报告》，直指中国挑战美国的安全、利益和影响，认为美国必须为此做好准备。欧盟一些国家也不时抛出“中国威胁论”，渲染中国在欧盟的技术存在对欧盟构成严重安全威胁。日本不断渲染“中国威胁”，声称中国的军事力量是包括日本在内的地区及国际社会的安保隐患。

（四）外部环境领域的挑战，既预示着风险，也意味着机遇

外部环境领域风险的存在是一个客观现实，积极主动应对，就能

化风险为机遇。首先，我们必须看到，随着国家综合实力的发展壮大，我国的国际地位显著提高，国际影响力明显增强，已经成为世界格局变化中一个具有决定性的因素，成为世界不确定性中的重要稳定力量。习近平总书记提出构建人类命运共同体思想，这一思想是当代中国外交的重大创新成果，受到国际社会的高度评价和热烈响应，已多次载入联合国有关文件，成为中国引领时代潮流和人类文明进步方向的鲜明旗帜。随着国际力量对比的改变，以及国际关系理论和实践的重塑，国际格局以西方占主导、国际关系理念以西方价值观为主要取向的“西方中心论”已经难以为继。西方社会各种弊端积重难返、各种问题层出不穷，对中国的依赖性越来越大。因此，我们遇到的外部环境挑战，是发展和上升过程中出现的，是在我长彼消的趋势中出现的。这就意味着，只要应对得当，挑战越大、风险越大，我们的机遇也就越大，发展进步的步伐也就越大。其次，还必须看到，不利的外部环境也是一贴清醒剂，有利于我们时刻保持清醒头脑，有利于全党全国人民凝心聚力，有利于我们聚精会神办好自己的事情，也有利于我们的党、我们的国家和人民变得更加坚强、更加成熟。新中国成立前夕，面对帝国主义国家的封锁，毛泽东同志曾说过充满中国人骨气、具有辩证思维的一段话：“多少一点困难怕什么。封锁吧，封锁十年八年，中国的一切问题都解决了。”[1] 2014 年 3 月 28 日，国家主席习近平在柏林发表重要演讲时指出：“中国多次公开宣示，中国反对各种形式的霸权主义和强权政治，不干涉别国内政，永远不称霸，永远不搞扩张。我们在政策上是这样规定的、制度上是这样设计的，在实践中更是一直这样做的。当然，中国将坚定不移维护自己的主权、安全、发展利益，任何国家都不要指望我们会吞下损害中国主权、安全、发展利益的苦果。”[2] 在不断冲破西方国家的遏制和围堵，克服来自外部环境领

① 《毛泽东选集》，人民出版社 1991 年版，第 1496 页。
② 《习近平谈治国理政》，外文出版社 2014 年版，第 267 页。

域风险的过程中，我们的党和国家更加坚定了依靠独立自主、自力更生、自强不息发展和壮大自己的信念，始终坚持把发展放在依靠自己力量的基点上，坚持民族自尊心和自信心，坚定不移走自己的路。我们还要看到，“殷忧启圣，多难兴邦”，是中华民族在漫长历史中形成的深沉的哲学思考。于挑战中依然崛起，在考验中奋力前行，在艰难困苦中创造奇迹，是中华民族鲜明的禀赋。中国人民这种强烈的爱国主义精神，是我们应对复杂多变的外部环境带来的各种风险考验的强大力量。实现中华民族伟大复兴的梦想，凝聚了几代中国人的夙愿，体现了中华民族和中国人民的整体利益，是每一个中华儿女共同的期盼。一切外部力量的遏制、阻挠，都无法使中国人民停下前进的步伐。只要我们沿着既定道路坚定前行，不断增强综合国力，不断焕发起亿万人民的顽强斗志，就有更坚实的底气、更从容的定力来应对风险和挑战。

更为重要的是，我们必须看到，中国共产党作为世界上最大的执政党，本身是在克服各种来自外部环境的考验中成长壮大起来的，是在同国内外各种敌对势力的顽强斗争中发展成为具有广泛世界影响力的大党。勇于斗争、善于斗争、不怕牺牲、争取胜利，是中国共产党的鲜明特色。在长期的革命斗争、建设事业中，中国共产党形成了防范化解外部环境领域风险先进的思想体系、丰富的实践经验，具有世界上任何政党都不可比拟的强大的组织动员能力。历史和现实都证明，我们党不仅能够带领全国人民克服来自国际上这样那样的遏制、封锁、制裁，而且能够在这样的过程中不断强大起来。这是我们在战略上藐视一切来自外部环境考验的主心骨，是我们正确看待、正确应对外部环境风险的最大的底气。

二、当前我国面临的外部环境领域风险的主要特征

世界正面临百年未有之大变局，中国与外部世界的关系也进入了

深度磨合期。在日益走近世界舞台中央的过程中，中国遇到的挑战将更严峻、竞争将更激烈，外部环境领域的风险将呈现出新的特征。牢牢把握这些特征，对于我们透过现象看本质，科学预判、积极应对各种新的风险挑战十分重要。

（一）风险源更加多样化、复杂化

一方面，随着我国综合国力的上升、国际影响力的上升，随着我国对外开放的步伐不断加大，以美国为首的西方国家在继续加强对我国意识形态领域渗透的同时，逐渐形成了从政治、经济、社会、文化、军事等多个领域进行遏制、颠覆的态势。我国面临着外部环境领域风险来源更加多样化、复杂化的考验。其中既包括来自霸权主义、强权政治的风险源，也有来自逆全球化、贸易保护主义和单边主义的风险源；既有传统安全的威胁，也有来自恐怖主义、气候变暖、碳排放、核扩散、难民危机、网络病毒攻击等非传统安全威胁；既面临着西方国家对我国境内渗透的风险，也面临着保护“走出去”的我国企业和人民海外利益的挑战。特别是以美国为首的西方国家的围绕市场准入、高新技术、知识产权等方面加大了对我国的围堵攻击，成为我国外部环境领域的新的风险源。另一方面，在国际上传统热点地区冲突和争端没有消停的情况下，围绕领土、海洋权益新的争端和冲突不断出现。西方一些国家资本主义治理体系乱象丛生，民粹主义、极端主义、保守主义、分离主义、排外主义抬头，影响到了这些国家的对华政策取向，对我国外部环境构成了新的挑战。

（二）风险点不定性、突发性增加

在以美国为首的西方国家在治理体系出现严重问题、经济增长乏力、综合实力相对下降的情况下，特别是在应对 2020 年新冠肺炎疫情举措失当并造成大面积感染的情况下，其攻击性也开始增强，不断在国际上挥舞乱棍、东打西打，动辄在政治、经济、外交、军事、文化等领域抛出制裁、围堵、栽赃等招数。特朗普上台后，奉行“美国优先”，对我国和其他一些国家制造贸易摩擦，同时极力破坏世界贸易组织，退出联合国教科文组织、联合国人权理事会、《移民问题全球契约》、《巴黎协定》、跨太平洋伙伴关系协定、伊核协议，不断破坏和践踏多边体制。这种善变性，使得我国外部环境领域面临的风险的不确定性和突发性大大增加。

（三）风险的影响波及广、力度强

随着我国对外开放的不断深入，跨国资本、人员流动日益频繁且便利性与日俱增，以及互联网带来的通信便利，我国在更宽广领域加大了和国际社会的交流互动。同时，全球化的发展，也使得中国与世界的相互依存度不断增加。这既给我国的发展带来了机遇，也给外部风险的蔓延提供了更加便利的条件。如我国的高端芯片绝大部分需要靠进口，美国等国是主要进口来源国。随着我国产业发展，高端芯片所涉及的行业、领域也大幅度增加，一旦美国等西方国家对我国设置贸易壁垒，在高端芯片上对我国进行出口管制，将使我国的产业特别是高新技术产业发展受到大面积的影响。现在的企业，其产业链涉及多个国家和地区，外部环境的任何不确定性因素，都会给企业带来巨大损失。

（四）外部风险与内部风险呈现出交织、互动的特征

外部环境领域风险的国内化与国内各种风险的外部化相互交织、相互联动，是当前及今后相当长时期我国在风险防控方面必须把握的特征。当今世界，安全问题的跨国性更加突出，安全问题已经超越了国界，任何一个国家、一个地区的安全问题都会导致外部风险大量涌入，形成安全风险点。一方面，西方反华势力在政治、经济、军事、

文化等方面对我国的遏制和围堵，经境内敌对势力或崇拜西方模式的一些人的渲染，往往会引起社会思想混乱，和国内的一些社会问题交织在一起。比如，在中美贸易摩擦中，国内就有一些人附和美国的言论，认为我国在保护知识产权、技术转让、遵守世贸组织规则方面存在严重问题。再比如，在香港修例风波中，面对西方对中央实施的对港政策的攻击，国内一些人唱衰“一国两制”，在客观上为西方的攻击背书。

另一方面，针对我国经济社会存在的一些需要解决的矛盾和问题，西方社会刻意无限放大、上纲上线，借此污蔑、攻击我国的社会主义制度。比如群众维权问题、拆迁问题、不正之风和腐败问题等，都成为西方舆论兴风作浪的热点话题。从长远看，这种风险内外联动的特征将是一个长期的趋势，如果应对不当，将给我们党和国家事业带来严重损失。

三、当前我国外部环境领域风险的主要表现

（一）国际经济领域的风险

国际金融危机以来，世界经济虽然总体保持复苏态势，但面临增长动力不足、需求不振、金融市场反复动荡、国际贸易和投资持续低迷等多重风险和挑战。从科技驱动力看，上一轮科技进步带来的增长动能逐渐衰减，新一轮科技和产业革命尚未形成势头。同时，美国等西方国家对我国的技术出口管制不断强化。从各国的劳动力红利看，主要经济体先后进入老龄化社会，人口增长率下降，社会抚养成本持续加大。从各国的经济政策看，出现了逆全球化的倾向，以美国为首的西方国家祭起贸易保护主义大旗，其本国优先、以邻为壑的经济政策给世界经济带来巨大影响。从多边贸易体制发挥的作用看，20 多年来，世界贸易组织规则不断拓展和丰富，在全球经济治理中扮演重要

角色，在一定程度上起到了抵制贸易保护主义的积极作用。但由于美国等国的肆意践踏，其作用已经大打折扣，多边贸易体制作为世界经贸发展的基石，受到了严重的动摇。从金融领域看，国际金融危机后金融监管虽然有明显的进展，但高杠杆、高泡沫等风险仍在积聚。随着我国金融市场对外开放程度不断提高，风险跨境传染的可能性增大。从产业领域的竞争看，国际竞争白热化，一些国家采取多种手段强化对我国进行遏制。中国在多个产业领域面临激烈的国际竞争，装备制造、互联网信息等产业的核心技术、关键设备和零部件对外依赖度依然较高，引进先进技术受到越来越大的制约，高端芯片、集成电路、高端软件等被西方“卡脖子”的风险始终存在。从国际经济规则主导权方面看，国际经济规则制定主导权之争也日趋激烈。西方一些国家以维护所谓国家安全为名，以透明度、规则、标准为抓手，动用多种手段对中国进行制约。我国既有可能在降低关税、开放市场、保护知识产权、削减国有企业补贴等诸多方面面临来自美国的高标准压力，也有可能同时面临其他发达经济体效仿美国提出的类似“公平贸易”的要求。从国际经济秩序大格局看，随着国际力量对比发生新变化，国际经济秩序也面临重构、重塑的态势。这对我国既是机遇，同时又是巨大的挑战。

（二）国际政治秩序不确定性的风险

以美国为首的西方资本主义世界，经过长期发展演变，现在可谓乱象丛生、积弊如山，其治理效能受到越来越大的挑战。2011 年美国爆发“占领华尔街”运动，持续一个多月，逐渐成为席卷全美的群众性社会运动并造成了流血冲突。特朗普上台后，美国党争白热化，围绕弹劾特朗普，民主、共和两党针锋相对。在应对 2020 年暴发的全球流行的新冠肺炎疫情中，美国举措失当。特朗普及一众美国高官诿过卸责，企图把美国疫情失控的原因归咎于中国，在国际上掀起了新一轮反华浪潮。美国之外的其他西方国家也一直不消停，近年来英国爆发了数次大规模的抗议活动，法国的“黄背心”运动酿成了大规模骚乱，意大利发生了大规模的罢工行动，西班牙发生了大规模的罢工行动并酿成了骚乱。在这样的情况下，西方一些国家国内党争加剧，思想文化领域极端化、保守化、排外化、孤立化倾向日趋严重。西方国家的这些问题，增加了国际政治秩序的不确定性风险。同时，一些发展中国家政局也不稳定，时常爆发冲突动荡。如 2019 年 10 月智利爆发大规模骚乱，多地进入紧急状态，不得不放弃主办原定于 11 月的 APEC 峰会以及 12 月的联合国气候大会。再如 2019 年委内瑞拉持续发生大规模的街头运动，等等。

以美国为首的西方国家为转移国内矛盾，一方面四处插手他国内政，制造混乱；另一方面加大了对我国的颠覆破坏。美国相继抛出“2019 年香港人权与民主法案”“2019 年维吾尔人权政策法案”“2019 年西藏政策及支持法案”，严重违背国际法与国际关系基本准则，粗暴干涉中国内政，向“港独”“疆独”“藏独”势力发出错误信号，对我国政治安全构成重大现实威胁。虽然世界多极化呈现出不断深入发展的趋势，新兴市场国家和发展中国家群体性崛起，国际力量对比朝着趋于均衡的方向发展，但霸权主义仍然顽固，冷战思维和零和博弈沉渣泛起，美国希望通过重振经济与军事实力，继续巩固世界和地区霸权，对中国推动构建新型大国关系构成挑战。

（三）传统安全和非传统安全的风险

当前，在传统安全方面的挑战依旧不减的情况下，非传统安全风险系数迅速提高，而且两者相互交织、相互影响，成为我国外部环境安全不容忽视的风险点。

在传统安全领域，大国战略博弈加剧，地区局部冲突时有发生。比如，围绕叙利亚冲突，美俄明里暗里较劲“斗法”。美国虽然宣布从叙利亚撤军，但其在叙利亚的军事影响力并没有消失，在伊拉克、土耳其、卡塔尔等地的军事基地使其保持了在叙利亚的制空权。同时，俄罗斯介入叙利亚战事，伊朗和土耳其在中东地区事务的影响力上升，重塑了中东地区格局，冲击了美国在中东地区的影响力。再如，伊核问题因美国退出伊核协议而变数陡增，战争的阴云始终笼罩在中东上空。在非传统安全领域，国际反恐形势严峻，国际恐怖主义向全球化、长期化、高技术化、多样化、分散化方向发展。恐怖主义、分裂主义、极端主义“三股势力”对我国安全构成严重威胁。近几年，虽然恐怖活动造成的人数伤亡呈现持续下降趋势，恐怖主义的影响有所减弱，但恐怖主义活动依然非常猖獗，甚至在某些地区还出现了恶化。同时，世界一些国家的极右翼势力制造恐怖袭击呈上升趋势。近几年国际上出现了“去中心化”等分离主义思潮，苏格兰公投事件、西班牙加泰罗尼亚独立事件、库尔德独立公投事件等不断出现，对我国边疆民族稳定的影响不容忽视。

值得注意的是，非传统领域的网络安全风险日益凸显，一些网络技术发达的国家着手酝酿“先发制人”打击政策，维护网络安全已成为各国普遍面临的重大议题。据国家计算机网络应急技术处理协调中心（CNCERT）发布的《2018 年我国互联网网络安全态势综述》数据显示，来自美国的网络攻击数量最多，且呈愈演愈烈之势。在木马和僵尸网络方面，2018 年位于美国的 1.4 万余台木马和僵尸网络控制服务器，控制了中国境内逾 334 万台主机，控制服务器数量较 2017 年增长 90.8%。在网站木马方面，2018 年位于美国的 3325 个 IP 地址向中国境内 3607 个网站植入木马，向中国境内网站植入木马的美国 IP 地址数量较 2017 年增长 43%。①

在周边安全方面，随着“一带一路”倡议的推进，我国与周边国

① 参见《数据显示——中国遭受的网络攻击主要来自美国》，《人民日报》2019 年 6 月 11 日。

家关系日益紧密的同时，也面临着一些挑战。我国周边国家政治体制多样，文化价值取向多样，国家之间的矛盾错综复杂，同时许多周边国家处在社会转型期，一些国家极端主义思想抬头，一些国家政局长期处于不稳定、不确定状态。

（四）西方主导话语权对我国进行文化渗透的风险

落后就会挨打，失语就会挨欺。应当说，虽然我国是世界第二大经济体，但在主导国际话语权方面，在软实力建设方面，还亟待跟上。以美国为首的西方国家利用其主导的话语权对我国进行遏制和渗透的现象，将长期存在并不断变本加厉。目前，一方面，在西强我弱的国际舆论格局下，西方歪曲事实、抹黑中国、散布各种花样翻新的“中国威胁论”，推销其所谓的“普世价值”，在国际上仍有一定的市场。一些国家为了达到其不可告人的目的，也不断加入“反华大合唱”。另一方面，美国等西方国家以所谓的“文化全球化”为招牌，实质上推销“美国文化的全球化”，企图消除民族文化的特殊性与独创性，进而削弱民族国家的主权。我国外部环境领域遭受的这种“软围攻”，直接影响到我国的社会主义文化建设，影响到中华优秀传统文化的继承和发扬，是我们面临的一个巨大的风险点。

同时，世界范围内文化交流、交融、交锋日益频繁，要防范抵御西方文化侵蚀渗透风险，维护文化安全的任务十分艰巨。近几年来，外部势力加紧对我国进行思想文化渗透，和国内一些别有用心的人相互策应，利用学术研究、论坛、影视、艺术、互联网等载体，对党史、国史、民族史等进行恶意解构和肆意歪曲，企图动摇我们的文化根底。值得注意的是，西方反华势力利用青少年思想和价值观尚未定型的特点，加强在青少年中宣扬拜金主义、享乐主义、极端个人主义，宣扬西方的价值观和生活方式，传播消极颓废文化，在我国青少年包括大学生中产生了不良影响。一些西方媒体对中国的制度、发展模式等仍然存在不少误解和偏见，“中国威胁论”不时出现，对中国进行曲解、污蔑和抹黑的言论不时出现在国际舆论场上。以美国为首的西方国家企图通过营造一种文化上“西优我劣”的舆论氛围，影响人们对事物的认知，影响人们对历史的正解，消磨人们对文化的自信，在国际上丑化和妖魔化中国，诋毁中国政府的公信力，否定中国的道路选择，削低中国的道义高地，从而达到在文化上“扳倒中国”的企图。

（五）我国海外利益被侵犯的风险

中国企业面临“走出去”的风险。首先，中国企业海外投资被设限，频繁遭遇掺杂政治因素以及所谓国家“安全因素”的审查壁垒。据报道，受地缘政治影响和投资目的国政策阻力的影响，2019 年中国企业海外并购大幅度下降。美国等国以威胁国家安全为理由，限制使用华为 5G 技术。科大讯飞等 8 家中国高科技企业被美国列入贸易管制黑名单，禁止与美国企业合作。特朗普政府还以国家安全为由，对我国学生留学美国设置门槛，限制我国一些高校使用美国软件。其次，“一带一路”沿线一些国家的政治、经济等方面的不确定性和不稳定性，也为我国企业的利益保护带来风险。再次，国民“走出去”面临的风险。近年来，随着我国公民出国、出境大幅度增加，受国外和境外文化、习俗、宗教等社会环境的影响，频繁出现权益受到侵害的问题。特别是一些国家社会动荡、发生骚乱，给我国在境外的公民带来人身权益及生命安全方面的巨大挑战。如 2015 年也门政局动荡，战事升级，在也门的中国公民面临生命危险，我国不得不为此展开大规模撤侨行动。最后，我国海上运输通道也面临威胁。美国在对中国具有战略意义的海峡区域构成潜在的战略压力；日本、印度等国近年在太平洋、印度洋不断搞军事动作，增加了中国在这些海域的运输风险。红海、亚丁湾、孟加拉湾及马六甲海峡等附近水域频繁的海盗活动，严重威胁中国过往船只和人员安全。

四、应对来自外部环境领域风险的主要着力点

我们面临的来自外部环境领域的风险具有长期性、复杂性和变化性。防范和化解这些风险，坚持底线思维，做好外交工作的同时，必须立足于办好自己的事情，把赢得外部挑战的战略支点放在中国自身的发展壮大上。

（一）必须始终坚持加强党的领导，坚持走中国特色社会主义道路，增强战略定力

“不管风吹浪打，胜似闲庭信步。”这样的战略定力，来自我们有党的坚强领导，有走中国特色社会主义道路的高度自信，有全国人民一心一德一戎衣的精神力量。坚持党的领导，是新时代成功应对重大挑战、抵御重大风险、克服重大阻力、解决重大矛盾，不断推动中国特色社会主义从胜利走向新的胜利的重要政治保证。坚定不移走中国特色社会主义道路，使我们的制度优势不断发挥出来，是我们抵御外部环境风险的强大力量。来自外部环境领域的各种敌对力量，其根本目的就在于颠覆共产党的领导，颠覆社会主义制度。我们要进行针锋相对的斗争，就要求中国共产党提高管党治党的能力和水平，靠“自身硬”凝聚起、调动起应对风险挑战的无穷力量。习近平总书记指出：“我们必须以更大的决心和勇气抓好党的自身建设，确保党在世界形势深刻变化的历史进程中始终走在时代前列，在应对国内外各种风险和考验的历史进程中始终成为全国人民的主心骨，在发展中国特色社会主义的历史进程中始终成为坚强的领导核心。”[①] 我们要遵照习近平总书记的要求，抓好党自身的建设，粉碎一切来自外部领域的遏制、围堵和攻击。

---

① 习近平：《全面贯彻落实党的十八大精神要突出抓好六个方面工作》，《求是》2013 年第 1 期。

（二）要善于分析大势，深刻辨析中国外部环境中的机遇和挑战，加强对世界形势的把握判断

越是面对复杂多变的来自外部环境领域的风险，越是要沉着观察、多谋善断、冷静应对。要树立世界眼光，把握时代脉搏，把握外部环境领域风险挑战背后的规律和趋势；要坚持统筹国内国际两个大局，统筹发展和安全两件大事，未雨绸缪，早做预案，及时调整策略，积极开展预防性外交，将风险与挑战化解在萌芽状态；要树立底线思维，强化斗争意识，坚决捍卫国家核心利益，坚决捍卫国家主权、安全、发展利益，守住不容碰触、不容挑战的底线；要在纷繁复杂的国际斗争中增强斗争本领，增强必胜信心；要深刻认识我国外部环境考验的长期性、复杂性和艰巨性，既要有化险为夷的高超本领，也要有在外部环境压力下推进改革发展稳定工作的思想准备。

（三）把防范化解来自外部领域风险的基点放在办好自己事情的基础上

近代以来中华民族的历史昭示我们，弱国周围，必是强敌环伺。只有自己强起来，才能在国际斗争中真正挺直腰杆，才有瓦解各种境内外敌对势力遏制的力量。当代世界的许多事例也反复说明，哪一个国家自身发展遇到很大问题，政局不稳、社会动荡、民生得不到改善，哪一个国家就成为西方国家赤裸裸干涉、围攻的重点对象。中华人民共和国成立以来，战胜了一次次来自外部环境的考验，靠的既是成功的外交斗争策略，更是自身的发展壮大。20 世纪六七十年代，在帝国主义国家的围堵中，我国成功研制出了“两弹一星”，使我国在国际上的影响力大幅提升，为我国赢得和平安全的发展环境打下了扎实的基础。正如邓小平所说：“如果六十年代以来中国没有原子弹、氢弹，没有发射卫星，中国就不能叫有重要影响的大国，就没有现在这样的国

际地位。这些东西反映一个民族的能力，也是一个民族、一个国家兴旺发达的标志。”① 党的十八大以来，在以习近平同志为核心的党中央的坚强领导下，我国经济、政治、文化各领域取得全方位的历史性伟大成就，为开创中国特色的大国外交提供了强大力量，为我国在复杂的外部环境考验下赢得战略机遇期提供了坚实支撑。

（四）必须坚定不移推进改革开放，增强应对外部环境领域风险的主动性

历史反复证明，闭关自守没有出路，试图关紧大门来化解外部领域的风险，是徒劳无益的。要防范化解来自外部环境领域的考验，必须坚持主动作为，深入推进改革开放。40 多年来，正是得益于改革开放，中国的社会经济发展才取得了举世瞩目的伟大成绩，为我国在应对外部环境领域考验中赢得了主动权。面对波谲云诡的国际环境，我们必须坚定不移地推进改革开放。改革开放是为我国经济高质量发展“添油加力”，是为我国应对外部环境挑战涵养浩然正气、铸造斗争利器。随着我国对外开放不断扩大，外部领域风险向国内渗透、传导的强度与广度也会不断加大，对此我们要有清醒的认识。但同时，绝不能因为有风险就停下步伐犹豫观望。消极回避风险反而会不断累积风险，形成更大的风险。2000 年我国加入世界贸易组织前夕，有舆论惊呼“狼来了”，认为加入世贸组织将对我国多个行业造成严重冲击。事实上，加入世界贸易组织以来，我国抵御外部领域风险的能力不是降低了，而是大大增强了。

（五）防范化解来自外部环境领域的风险必须积极参与全球治理

面对全球治理体系中的制度和规则变革，中国不能缺席，必须抓

① 《邓小平文选》第 3 卷，人民出版社 1993 年版，第 279 页。

住机遇，力争有所作为。要坚持推动构建人类命运共同体，坚持共商共建共享的全球治理观，坚持主权平等、公平正义，坚持共商共建、合作共赢，坚持与时俱进、改革创新。要将推动全球治理法治化与积极争取中国在全球治理体系中的话语权结合起来，做好国际国内两类规则的统筹工作。要致力于为全球治理提供新理念、新平台、新动力，突出中国负责任大国的作用和形象，为全球治理提供越来越多的国际公共产品。要始终恪守维护世界和平、促进共同发展的宗旨，建设性参与解决国际和地区热点问题。要在办好自己事情的同时，努力同国际社会一道，协调一致，共同应对诸如经济治理、安全治理、气候治理、公共卫生安全、恐怖主义和防扩散等全球性挑战。要积极参与并推动国际和地区组织立法工作，通过双边、多边合作，依托国际和地区组织，发展和完善危机管控与处理机制。要在准确判断、审慎对待的基础上，勇于对世界发展规则、全球贸易开放规则、国际关系处理规则等提出自己的主张，增强在国际上的话语权，在规则方面营造对我国有利的外部环境。要在坚持原则的基础上，求同存异，广交朋友，团结一切可以团结的力量，提高解决和处理问题的效率与效益，为解决国际和地区热点问题提供中国方案。从中华人民共和国成立以来我国的外交历史进程看，中国积极参与全球治理，为全球治理公正化作出了重要贡献，这对于主动防范和化解来自外部领域的风险发挥了重要作用。

（六）防范和化解外部领域风险，必须强化对我国海外利益的保护

在党中央坚强领导下，外交部门要与各部门密切配合，扎实推进海外中国公民和机构安全保护工作。要建立健全涉外安全和应急法治保障体系，做到应对外部风险有法可依，用法律武器来捍卫我国涉外安全与发展利益。同时，要通过法律支撑、机制建设、风险评估、安全预警、预防宣传、应急处置六大支柱建设，积极构建海外中国平安

体系。要加强各驻外使领馆建立定期安全巡查制度，通过“中国领事服务网”、“领事直通车”微信公众号、“领事之声”官方微博和“外交部 12308”移动客户端，打造预警提醒、培训教育、宣传引导的全方位、一体化预防性工作新格局，确保海外重大项目和人员机构安全。

第八章　防范化解党的建设领域重大风险

习近平总书记指出："党的十八大以来，我们以自我革命精神推进全面从严治党，清除了党内存在的严重隐患，成效是显著的，但这并不意味着我们就可以高枕无忧了。"① "全党要清醒认识到，我们党面临的执政环境是复杂的，影响党的先进性、弱化党的纯洁性的因素也是复杂的，党内存在的思想不纯、组织不纯、作风不纯等突出问题尚未得到根本解决。要深刻认识党面临的执政考验、改革开放考验、市场经济考验、外部环境考验的长期性和复杂性，深刻认识党面临的精神懈怠危险、能力不足危险、脱离群众危险、消极腐败危险的尖锐性和严峻性。"② 这是根据实际情况作出的大判断。我们要坚持问题导向，保持战略定力，坚持不懈同自身存在的顽瘴痼疾作斗争，推动全面从严治党向纵深发展。

一、党面临的"四大考验"的长期性和复杂性

中国共产党从诞生的第一天起就处于各种风险和危险的包围中。

---

① 《提高防控能力着力防范化解重大风险　保持经济持续健康发展社会大局稳定》，《人民日报》2019 年 1 月 22 日。

② 习近平：《决胜全面建成小康社会　夺取新时代中国特色社会主义伟大胜利——在中国共产党第十九次全国代表大会上的报告》，人民出版社 2017 年版，第 61 页。

恰是这种历史条件造就了中国共产党超强的生存本领和智慧，使之保持了旺盛的生命力。“四大考验”是党对改革开放以来取得的巨大成就背后的风险的敏锐反应。

（一）长期执政考验

任何政党，尤其是执政党要生存，要保持执政地位，必须对执政环境、执政面临的问题有敏锐的认识和准确把握，这是保持自身生命力的前提。“政党一旦执掌政权，就要努力创造执政绩效，巩固执政基础，探寻长期执政之道。因此，应对执政考验、谋求长期执政，对任何执政党来说都是一个重大课题。”① 我们党在长期执政、执政环境日趋复杂、执政基础有所变化的基础上，如何加强和改进自身建设，以巩固党的执政地位，是新时代我们党面临的一大考验。

党的十八大以来，以习近平同志为核心的党中央坚持以马克思主义执政理论为指导，坚持“以人民为中心”的执政理念，居安思危，直面党在执政过程中面临的各种风险和挑战，不断强化党的执政忧患意识，以自我革命精神推进全面从严治党，清除了党内存在的严重隐患，取得了明显成效。在改革开放带来中国经济社会迅速发展的历史条件下，我们党一再强调，“党的先进性和党的执政地位都不是一劳永逸、一成不变的，过去先进不等于现在先进，现在先进不等于永远先进；过去拥有不等于现在拥有，现在拥有不等于永远拥有”。②

习近平总书记指出：“党领导人民已经取得举世瞩目的成就，我们完全有理由因此而自豪，但我们自豪而不自满，决不会躺在过去的功劳簿上。”③ 长期执政政党不可避免地要应对一系列严峻考验，如腐败现象滋生蔓延、党内分裂困扰、反对力量挑战等，这些都属于执政考

① 黄卫平：《执政时间越长面临考验越大》，《人民日报》2018 年 3 月 25 日。

② 《习近平谈治国理政》，外文出版社 2014 年版，第 367 页。

③ 《习近平谈治国理政》，外文出版社 2014 年版，第 4 页。

验中大概率的挑战。当前我党面临的执政考验仍然是严峻而复杂的，中国共产党要长期保持马克思主义执政党的地位，必须经受住“四个不容易”的执政考验。“功成名就时做到居安思危、保持创业初期那种励精图治的精神状态不容易，执掌政权后做到节俭内敛、敬终如始不容易，承平时期严以治吏、防腐戒奢不容易，重大变革关头顺乎潮流、顺应民心不容易。”[①] “四个不容易”既表明我们党在掌权期、承平期、变革期等不同时期下仍然面临的执政考验，也揭示出经受住执政考验的不易。2019 年是新中国成立 70 周年，我们党在全国执政也 70 年了。“在长期执政条件下，深入认识‘四个不容易’，同一切弱化先进性、损害纯洁性的问题作斗争，与各种违背初心和使命、动摇党的根基的危险作斗争，才能不断增强党自我净化、自我完善、自我革新、自我提高能力”，[②] 才能防范化解长期执政的风险，筑牢党长期执政的基础。

（二）改革开放考验

改革开放是我们党的一次伟大觉醒，正是这个伟大觉醒孕育了我们党从理论到实践的伟大创造。40 多年的改革开放史，就是一部党领导人民攻坚克难、战胜各类风险挑战的历史。中国共产党既是改革开放的领导者，又面临改革开放带来的考验。如何在全面深化改革开放的同时，坚持和发展中国特色社会主义，是新时代党必须回答的问题。有效应对新时代党面临的改革开放考验，就要深刻认识考验来自哪些方面、对党的长期执政能力建设提出了哪些要求。

改革开放向何处去，考验党在新形势下把方向、谋大局、促改革的能力。举什么旗、走什么路，关乎改革开放能否按照正确方向前进。

---

① 《以时不我待只争朝夕的精神投入工作　开创新时代中国特色社会主义事业新局面》，《人民日报》2018 年 1 月 6 日。

② 《越是长期执政，越不能忘记党的初心使命》，《人民日报》2019 年 6 月 26 日。

改革是中国特色社会主义制度的自我完善和发展，不是否定社会主义制度和改变社会主义性质；开放的目的是借鉴其他国家有益的经验和做法，不是照搬它们的制度和模式。改革开放方向的确立与坚持，考验党的政治定力和政治领导力。[①] 确保改革开放始终沿着中国特色社会主义道路前进，避免发生方向性、颠覆性错误，是新时代党面临的重大改革开放考验。

凝聚改革开放共识，考验党在新形势下的思想引领能力。习近平总书记强调："凝聚共识很重要，没有广泛共识，改革就难以顺利推进，也难以取得全面成功。"[②] 进入新时代，我国经济体制深刻变革、社会结构深刻变动、利益格局深刻调整、思想观念深刻变化，改革什么、如何改革，开放什么、对谁开放，基于不同的诉求会有不同的认识。"面对新形势，如何最大限度弥合分歧、最大程度凝聚共识，汇聚起强大合力，成为推进改革开放的必答题。"[③]

改革开放必须啃"硬骨头"，考验党在新形势下向纵深推进改革开放的能力。改革既是思想觉醒，更是利益调整；既要勇于冲破思想观念上的障碍，又要勇于突破利益固化的藩篱。经过 40 多年的发展，改革进入了深水区、攻坚期，容易改的都改完了，剩下的都是"硬骨头"，推进改革的难度进一步加大。如何协同深层次利益矛盾、突破利益固化的藩篱，使改革开放平稳深入推进，是我们党面临的一大考验。

改革开放是庞大复杂的系统工程，考验党在新形势下总揽全局、协调各方的能力。任何一项改革都会牵一发而动全身，必须放在大系统内来考量；改革与发展面临诸多棘手难题，破解每一个难题也是系统工程。改革开放既需要各领域协同推进，又需要中央和地方上下联动，也需要统筹国内国际两个大局。如何增强改革开放的系统性、整

---

① 参见周宪：《科学认识和应对改革开放考验》，《中国社会科学报》2018 年 10 月 30 日。

② 中共中央文献研究室编：《习近平关于全面深化改革论述摘编》，中央文献出版社 2014 年版，第 45 页。

③ 陈金龙：《认识把握新时代党面临的改革开放考验》，《人民日报》2018 年 4 月 1 日。

体性、协同性，考验党的决策智慧和群众组织力、社会号召力。

（三）市场经济考验

市场经济贯穿社会主义市场经济发展全过程，在不同发展阶段所面对的市场经济考验也有所不同，因此，市场经济考验具有长期性和复杂性的特点。我们党既要经受住市场经济对党负面影响的考验，又要经受住市场经济所引发的意识形态安全的考验。当前，中国特色社会主义进入了新时代，市场经济考验主要来自以下四个方面。

第一，市场经济体制还不完善。“社会主义市场经济是中国共产党的伟大创举。这一伟大创举是中国共产党对什么是社会主义经济、怎样建设社会主义经济的一次理论创新和实践探索，是中国共产党对社会主义发展理念的重要升华，对社会主义建设规律的一次新认识。”它“既不是简单复制国外市场社会主义的理念和理论，也不是照搬西方新自由主义‘药方’和思维”。[①] 改革开放以来，中国共产党领导全国各族人民，开启了以经济体制改革为重点的社会主义市场经济改革。如何完善社会主义市场经济体制是我们党面临的重大考验。

第二，市场经济运行的考验。市场经济本质上是一种经济运行方式，任何经济运行方式都会有风险。当前我国经济运行面临一系列重大难题，比如：供需结构失衡导致的钢铁、水泥、房地产等行业产能过剩，创新引领发展的第一动力作用没有充分发挥，实体经济企业经营困难、金融行业风险隐患增多等。这些考验都需要我们一一作答。

第三，市场经济固有缺陷带来的考验。市场机制能够推动资源有效配置、促进劳动生产率大幅度提高，但市场也不是万能的，也存在“市场失灵”。比如，收入差距扩大问题。改革开放以来，我国城乡居民收入差距一度呈扩大趋势。党的十八大以来，一大批惠民举措落地

---

① 上海市中国特色社会主义理论体系研究中心：《社会主义市场经济是中国共产党的伟大创举》，《经济日报》2016 年 7 月 22 日。

实施，城乡居民收入增速超过经济增速，农村居民收入增长领先城镇居民，居民收入差距总体缩小。但是，我们对收入差距问题仍要保持清醒的认识。目前我国收入分配差距仍然较大，在共享改革发展成果上，无论是实际情况还是制度设计，都还有不完善的地方。解决市场经济条件下的收入差距扩大、区域发展不平衡、生态环境保护等问题，依然是我们长期面临的考验。

第四，市场经济所引发的意识形态安全的考验。市场经济实行商品等价交换，在某些情况下，一些非劳动产品也会被当作商品进行交换。这种价值观也侵蚀到意识形态领域，一些人把权力、名誉等当作可交易的“商品”，滋生权钱交易、权色交易等腐败现象。随着市场经济的发展，利益格局更趋分化、价值观多元化，各种新思潮不断涌现，网络空间意识形态争夺也日趋激烈，意识形态安全的考验更加严峻复杂。

（四）外部环境考验

改革开放 40 多年来，中国与世界的关系发生了历史性变化。中华民族迎来了从站起来、富起来到强起来的伟大飞跃，中华民族伟大复兴展现出前所未有的光明前景。当今世界处于百年未有之大变局，中国越来越走近世界舞台中央，我们党面临的国际大环境和周边环境日趋复杂严峻，包围、遏制、打压、分化、唱衰中国的行径日趋激烈，随之而来的风险和挑战也更加突出。

第一，世界经济环境复杂多变。全球制造业低迷，贸易壁垒增加，保护主义抬头，世界经济复苏的不确定性增加。各种高风险的非经济因素对世界经济稳定的冲击增大。西方一些国家以维护所谓的国家安全为名，高举贸易保护主义大棒，以透明度、规则、标准为抓手，动用多种手段对中国进行制约，危及多边贸易体制和自由贸易秩序。随着国际力量对比发生新变化，国际经济规则制定主动权之争也日趋激烈，国际经济秩序面临新调整。

第二，国际政治秩序面临深刻调整。世界主要国家之间的力量对比正在深刻调整，利益分歧和冲突集中凸显，国际政治秩序稳定的根基面临各种挑战。一些外部敌对势力对我国实施西化、分化的图谋一直没有改变。在意识形态上加紧渗透，甚至想发动“颜色革命”，企图让我们党改旗易帜、“改名换姓”，对我国政治安全构成重大现实威胁。西方一些国家民粹主义、分离主义、去中心化思潮涌动，一些发展中国家也不稳定，局部冲突和动荡频发。霸权主义仍然顽固，美国希望通过重振经济与军事实力，巩固世界和地区霸权，将我国明确列为“战略竞争对手”，从多方面采取限制和对抗手段，对我国推动构建新型大国关系构成挑战。

第三，外部安全威胁日益复杂化、综合化。“中国威胁论”不时出现，对中国进行曲解、污蔑和抹黑的言论时有耳闻。传统安全与非传统安全、境内安全与境外安全挑战相互交织。局部动荡与冲突加剧，周边安全隐患仍存，地区热点问题难解。恐怖主义、分裂主义、极端主义“三股势力”对我国安全构成严重威胁。非传统安全问题凸显，网络安全威胁加剧，一些网络技术发达的国家着手酝酿“先发制人”打击政策，维护网络安全已成为各国普遍面临的重大议题。

二、党面临的“四大危险”的尖锐性和严峻性

新中国成立 70 多年来，党带领全国人民战胜各种艰难险阻，取得了历史性成就，保持了经济社会持续发展，综合国力和国际地位大幅提升，中国特色社会主义进入新时代。面对新形势，部分党员干部未能经受住“四大考验”，出现四大危险症状。

（一）精神懈怠危险

古今中外的历史表明，精神懈怠是一个政权、一个政党面临的系

统性风险之一；“其兴也勃焉，其亡也忽焉”的历史周期律发生作用，往往是从精神懈怠开始的。精神懈怠会麻痹思想、削弱主观能动性，导致主观世界跟不上客观世界的发展变化，进而引发能力不足；导致故步自封、脱离群众，甚至在安逸享乐中滑向消极腐败的深渊。因而，精神懈怠是首要危险，是能力不足、脱离群众、消极腐败的思想根源所在。精神懈怠主要表现在以下四个方面。

第一，理想信念不坚定，精神缺钙严重。“理想信念就是共产党人精神上的‘钙’，没有理想信念，理想信念不坚定，精神上就会‘缺钙’，就会得‘软骨病’。”① 有的党员干部对马克思主义信仰不坚定，对中国特色社会主义缺乏信心。自以为有功劳、有能力、有水平，放松世界观的改造，放松能力的培养。干事创业、拼搏进取的劲头锐减，认为流了大汗，出了大力，该享清福了，工作上得过且过，生活上享乐为上。

第二，宗旨意识淡薄，严重脱离群众。全心全意为人民服务是党的宗旨，是党在长期革命和社会主义建设中战胜困难、走向胜利宝贵经验的总结，也是立党之本、执政之基，更是中国共产党人的行为准则、理想信念和精神支柱。在市场经济大潮中，个别党员、干部受到腐朽思想侵蚀，世界观、人生观、价值观出现扭曲。不能坚持立党为公、执政为民、以人为本，严重脱离群众，脱离实际，言行不一，弄虚作假。对群众疾苦漠不关心，对群众利益麻木不仁，置群众生命于不顾。甚至利欲熏心，见利忘义，大搞权钱交易、权色交易。

第三，党性修养不够，组织纪律松弛。“党性说到底就是立场问题。共产党人无论是想问题、搞研究，还是作决策、办事情，都必须站在党和人民立场上，而不能把个人利益放在第一位。这就是共产党

---

① 习近平：《紧紧围绕坚持和发展中国特色社会主义　学习宣传贯彻党的十八大精神——在十八届中共中央政治局第一次集体学习时的讲话》，人民出版社 2012 年版，第 11 页。

人的党性原则。”① 有的党员党性意识淡薄，对中央政策合意的就执行，不合意的就不执行，搞“上有政策、下有对策”。对党员民主权利、群众民主权利不尊重、不重视、不落实，“一言堂、家长制”作风严重。有的个人利益至上，跑官要官、买官卖官、拉票贿选。

第四，革命斗志消退，明哲保身怕担当。有的不担当、不作为，习惯于当“传声筒”“中转站”，满足于“完成任务”；有的在工作中敷衍塞责，以文件贯彻文件、以会议贯彻会议、以讲话落实讲话，“雨过地皮湿”，不解决任何实际问题；有的好大喜功，急功近利，好做表面文章，搞劳民伤财的“形象工程”和沽名钓誉的“政绩工程”。这些实际上都是由怕担责任、怕出乱子、怕丢乌纱帽的错误思想造成的。

（二）能力不足危险

应对各种困难和挑战，必须具备相应能力、高强本领。我们党成立 99 年来，正是靠不断提高自身的能力水平，成为一个本领高强的马克思主义政党，从而确保党始终走在时代前列，团结带领全国人民取得一个又一个伟大胜利。新时代，我们党要带领全国人民全面建成小康社会，建设社会主义现代化强国，进而实现中华民族伟大复兴的中国梦，既要政治过硬，也要本领高强。能力不足将严重危害党和国家事业发展，我们要深刻认识党面临的能力不足危险。当前，党员干部能力不足主要表现在以下三个方面。

第一，思想不解放，创新能力不足。解放思想、实事求是是我们党的一大法宝。然而，进入新时代以来，一些领导干部放松了思想改造，观念变革不深，不敢打破条条框框和陈规陋习，面对新矛盾新问题不是用创新的思维寻找解决办法，而是看有没有成规惯例可循、有没有现成经验可用；有的缺乏大局意识，陷于繁杂的具体事务中，囿

① 中共中央文献研究室编：《十八大以来重要文献选编》（上），中央文献出版社 2014 年版，第 766 页。

于过去、忙于当下，看不到时代的变化、社会主要矛盾的转变；有的不能掌握应对复杂形势的主动权，面对突发情况容易陷入被动应付的局面，甚至掉入别人精心设置的陷阱。

第二，缺乏知识储备和理论素养。习近平总书记指出："很多同志有做好工作的真诚愿望，也有干劲，但缺乏新形势下做好工作的本领，面对新情况新问题，由于不懂规律、不懂门道、缺乏知识、缺乏本领，还是习惯于用老思路老套路来应对，蛮干盲干，结果是虽然做了工作，有时做得还很辛苦，但不是不对路子，就是事与愿违，甚至搞出一些南辕北辙的事情来。"① 尤其是有些身居要职的领导干部，其岗位要求必须具备较强的综合能力和全面的知识体系，但是又不重视业务学习和理论学习，不去努力检查和弥补自身不足，陷入少知而迷、不知而盲、无知而乱的困境。

第三，工作作风不扎实，执行能力不强。在长期执政过程中，有的领导干部高高在上，不深入基层调查研究，听汇报、拍脑袋决策，严重脱离群众；有的喜欢搞形式主义，图虚名、务虚功，不愿扑下身子、一抓到底；有的虽然学历高、接受新事物快，但实战能力差，应对复杂局面和突发事态的经验不足；还有的党员干部只知道发号施令，动手能力较差，对党和国家政策消极执行、拖延执行、胡乱执行。

习近平总书记指出，本领恐慌问题"在党内相当一个范围、相当一个时期都是存在的"。② 如果能力不足、本领不强，就不可能团结带领人民实现民族复兴伟业。我们的事业越前进、越发展，新情况新问题就会越多，面临的风险和挑战就会越多，面对的不可预料的事情就会越多，对我们党的能力要求也就更高。能力的培养与提高从来都不是一蹴而就、一劳永逸的。我们一定要有能力不足的危机感，要努力

---

① 习近平：《在中央党校建校 80 周年庆祝大会暨 2013 年春季学期开学典礼上的讲话（2013 年 3 月 1 日）》，人民出版社 2013 年版，第 4—5 页。

② 习近平：《在中央党校建校 80 周年庆祝大会暨 2013 年春季学期开学典礼上的讲话（2013 年 3 月 1 日）》，人民出版社 2013 年版，第 5 页。

增强本领，一刻不停地增强本领。

（三）脱离群众危险

习近平总书记在党的十九大报告中强调："我们党来自人民、植根人民、服务人民，一旦脱离群众，就会失去生命力。"① 实践证明，一个政党，一个政权，其前途命运取决于人心向背。新时代，受各种因素影响，脱离群众危险依然尖锐而复杂地摆在全党面前。

脱离群众危险是我们党执政后的最大危险。马克思主义执政党的根基在于人民群众，离开人民群众的支持便不可能长期执政。"因此，早在20世纪20年代初，列宁就提出马克思主义执政党'最严重最可怕的危险之一，就是脱离群众'。但是，权力是把'双刃剑'，脱离群众是所有执政党都容易犯的错误。苏联解体的一个重要原因，就是苏共完全脱离了群众。"② 对于脱离群众危险，我们党一直保持高度警惕。《中国共产党章程》鲜明指出："我们党的最大政治优势是密切联系群众，党执政后的最大危险是脱离群众。党风问题、党同人民群众联系问题是关系党生死存亡的问题。"在这"四大危险"中，脱离群众危险是我们党执政后的最大危险，也是新时代坚定不移全面从严治党必须着力解决的重大问题。

越是发展越要重视防范和克服脱离群众危险。中国特色社会主义进入新时代，我国整体实力大幅提升，国际地位与竞争力迅速上升，党的面貌、国家的面貌、中华民族的面貌发生了前所未有的变化。"但我们也要清醒地认识到，党和国家事业发展并不意味着党面临的矛盾和问题就会减少，并不意味着党面临的脱离群众危险就会减少。相反，越是发展越要重视防范和克服脱离群众危险。"③ 比如，个别领导干部

---

① 习近平：《决胜全面建成小康社会　夺取新时代中国特色社会主义伟大胜利——在中国共产党第十九次代表大会上的报告》，人民出版社2017年版，第66页。

② 刘学：《始终保持清醒头脑》，《人民日报》2018年5月13日。

③ 韩喜平：《关键是坚持以人民为中心》，《人民日报》2018年5月13日。

对群众的态度发生了变化，从将群众作为依靠力量转变为将群众作为治理对象，将“鱼水”关系变成“官民”关系，与群众拉开了距离，破坏了血肉联系。再如，个别党员、干部漠视群众诉求，工作中慢作为甚至不作为，服务意识弱化，一些人身上还不时出现官僚主义、形式主义、享乐主义和奢靡之风的苗头。

新时代我们必须克服脱离群众危险。新时代，我国社会主要矛盾已经发生变化，经济社会结构也发生巨大变化，如果党员、干部不了解人民需要的变化，工作理念、工作能力不适应社会主要矛盾的变化，就容易脱离群众。我们党要决胜全面建成小康社会、开启全面建设社会主义现代化国家新征程，必须进行具有许多新的历史特点的伟大斗争，必须始终保持同人民群众的血肉联系。可以说，能否贯彻党的群众路线、克服脱离群众危险，事关新时代我们党能否有效地应对重大挑战、抵御重大风险、克服重大阻力、化解重大矛盾、解决重大问题，进而夺取伟大斗争的胜利。

（四）消极腐败危险

进入新时代，“党所面临的形势更加错综复杂，党所肩负的使命任务更加艰巨，消极腐败的危险也大为增加。能否继续坚定理想信念，保持先进性和纯洁性，坚定不移地做到守纪律、讲规矩，就成为对每一位党员党性的重大考验”。[①] 党的十九大报告指出，“人民群众最痛恨腐败现象，腐败是我们党面临的最大威胁”。

消极腐败危害巨大，反对消极腐败是关系党和国家前途命运的重大政治斗争。消极腐败严重败坏党的形象，严重损害党和人民群众的关系。党和人民本应是鱼水关系，腐败行为不仅使党群、干群关系变为油水关系，更可能演变为水火关系。消极腐败严重削弱党的战斗力。

① 步超：《以伟大自我革命消除腐败》，《人民日报》2018年5月20日。

腐败或廉洁对能力起到一种导向的作用。在贪污腐败的情况下，能力越大恰恰破坏作用越大。消极腐败侵蚀党的凝聚力。消极腐败不仅会导致物质利益上的损失，还会侵蚀组织的氛围或气候，耗散凝聚力，破坏组织风气，直接导致组织中个体的精神涣散和精神懈怠。不从根本上解决消极腐败问题，党就很难立于不败之地。如果消极腐败得逞，党就会在内外交困中走向失败，中国特色社会主义事业和中华民族复兴大业就会失去党的坚强领导。

消极腐败现象产生的原因很多，主要可以归结为以下几方面。一是思想和精神上的懈怠放松主观世界改造。个别党员干部精神垮了、立场变了，丧失了理想信念和党性原则，漠视群众疾苦，走向了消极保平安的极端。二是外部环境的不良影响。一些消极的社会现象对少数党员干部仍有潜移默化的影响。他们沾染上外界灰尘和不良习气，把商品交换原则引入政治生活和公务活动中，搞权钱交易、利益输送、徇私枉法，最终在腐败的泥潭中越陷越深。三是反腐败的制度措施仍需完善。历史充分证明，权力不受监督制约，就容易产生消极腐败。党的十八大以来，我们党更加注重从源头上防治腐败，不断完善反腐败法律法规。但是有些制度建设或存在盲点，或滞后于实践，仍有改进的空间。个别人存在侥幸心理，甚至顶风违纪，企图钻制度的空子。

克服消极腐败危险，始终保持党的先进性和纯洁性，是党的自我革命的内在需要和永恒主题。党的十八大以来，以习近平同志为核心的党中央全面推进从严治党，深入开展党风廉政建设和反腐败斗争，使我们党经受住了各种风险考验，管党治党成效卓著。今天，我们绝不能有歇歇脚、松口气的想法，必须始终坚持高标准、严要求，加强制度建设，深化标本兼治，持之以恒正风肃纪，克服消极腐败危险，确保党和国家长治久安。

三、坚持以政治建设为统领，全面加强党的建设

在新的历史条件下坚持和发展中国特色社会主义，我们党面临的“四大考验”是长期的、复杂的、严峻的，“四种危险”更加尖锐地摆在全党面前。中国特色社会主义进入新时代，我们党一定要有新气象新作为。打铁必须自身硬。党要团结带领人民进行伟大斗争、推进伟大事业、实现伟大梦想，必须毫不动摇坚持和完善党的领导，毫不动摇把党建设得更加坚强有力。

（一）把党的政治建设摆在首位，锻造坚强领导核心

旗帜鲜明讲政治是我们党作为马克思主义政党的根本要求。保证全党服从中央、坚决维护党中央权威和集中统一领导是党的政治建设的首要任务。坚持党中央权威和集中统一领导，是全党全国各族人民的共同愿望，是推进全面从严治党、提高党的创造力凝聚力战斗力的迫切要求，也是保持党和国家事业发展正确方向的根本保证。广大党员、干部必须增强政治意识、大局意识、核心意识、看齐意识，坚定执行党的政治路线，严格遵守党的政治纪律和政治规矩，在政治立场、政治方向、政治原则、政治道路上同以习近平同志为核心的党中央保持高度一致。在政治生态和政治生活上，要尊崇党章，严格执行新形势下党内政治生活若干准则，增强党内政治生活的政治性、时代性、原则性、战斗性，自觉抵制商品交换原则对党内政治生活的侵蚀，营造风清气正的良好政治生态。在政治领导和组织原则上，要完善和落实民主集中制的各项制度，坚持民主基础上的集中和集中指导下的民主相结合，既充分发扬民主，又善于集中统一。在政治文化和政治品格上，广大党员、干部要弘扬忠诚老实、公道正派、实事求是、清正廉洁等价值观，坚决防止和反对个人主义、分散主义、自由主义、本

位主义、好人主义，坚决防止和反对宗派主义、圈子文化、码头文化，坚决反对搞两面派、做两面人。

（二）用习近平新时代中国特色社会主义思想武装全党，筑牢思想基础

习近平新时代中国特色社会主义思想，是对马克思列宁主义、毛泽东思想、邓小平理论、“三个代表”重要思想、科学发展观的继承和发展，是马克思主义中国化最新成果，是党和人民实践经验和集体智慧的结晶，是中国特色社会主义理论体系的重要组成部分，是全党全国各族人民为实现中华民族伟大复兴而奋斗的行动指南，必须长期坚持并不断发展。我们要进一步推进新时代的思想建党，要把坚定理想信念作为党的思想建设的首要任务，教育引导全党牢记党的宗旨，挺起共产党人的精神脊梁，解决好世界观、人生观、价值观这个“总开关”问题，自觉做习近平新时代中国特色社会主义思想的坚定信仰者和忠实实践者。弘扬马克思主义学风，坚定中国特色社会主义道路自信、理论自信、制度自信、文化自信，切实筑牢共产党人的精神支柱和政治灵魂，自觉在思想上政治上行动上同以习近平同志为核心的党中央保持高度一致。

（三）建设高素质专业化队伍，全面增强执政本领

党的干部是党和国家事业的中坚力量。要坚持党管干部原则，坚持德才兼备、以德为先的选人用人标准。坚持正确选人用人导向，突出政治标准，提拔重用牢固树立“四个意识”和“四个自信”、坚决维护党中央权威、全面贯彻执行党的理论和路线方针政策、忠诚干净担当的干部，选优配强各级领导班子。注重培养专业能力、专业精神，围绕新时代中国特色社会主义发展要求，增强学习本领、政治领导本领、改革创新本领、科学发展本领、依法执政本领、群众工作本领、

狠抓落实本领、驾驭风险本领，发扬斗争精神，增强斗争本领。坚持严管和厚爱结合、激励和约束并重，完善干部考核评价机制，建立激励机制和容错纠错机制，旗帜鲜明为那些敢于担当、踏实做事、不谋私利的干部撑腰鼓劲。坚持党管人才原则，聚天下英才而用之，加快建设人才强国。实行更加积极、更加开放、更加有效的人才政策，以识才的慧眼、爱才的诚意、用才的胆识、容才的雅量、聚才的良方，把党内和党外、国内和国外各方面优秀人才集聚到党和人民的伟大奋斗中来。

（四）持之以恒正风肃纪，夺取反腐败斗争压倒性胜利

紧紧围绕保持党同人民群众的血肉联系，加强作风建设，增强群众观念和群众感情，不断厚植党执政的群众基础。坚持以上率下，巩固拓展落实中央八项规定精神成果，继续整治“四风”问题，坚决反对特权思想和特权现象。重点强化政治纪律和组织纪律，带动廉洁纪律、群众纪律、工作纪律、生活纪律严起来。加强纪律教育，强化纪律执行，让党员、干部知敬畏、存戒惧、守底线，习惯在受监督和约束的环境中工作生活。党的十八大以来，我们取得了反腐败斗争压倒性胜利，但反腐败斗争还没有取得彻底胜利。反腐败斗争形势依然严峻复杂，零容忍的决心丝毫不能动摇，打击腐败的力度丝毫不能削减，必须以永远在路上的坚韧和执着，坚决打好反腐败斗争攻坚战、持久战。强化不敢腐的震慑，扎牢不能腐的笼子，增强不想腐的自觉，通过不懈努力换来海晏河清、朗朗乾坤。

（五）把制度建设贯穿党的建设各个方面

推进制度治党，必须着力补齐制度短板，尤其要把思想建党的政治原则要求具体化为制度治党的准则规范。按照新时代党的建设的总要求，进一步从源头上防治权力异化与权力寻租，对党内法规制度中存在的不配套、不适应、不一致等制度短板着力补齐，切实把制度建

设贯穿于政治建设、思想建设、组织建设、作风建设、纪律建设之中。抓住领导干部这一“关键少数”，做到管理全面、标准严格、环节衔接、措施配套、责任分明，最大限度减少体制障碍和制度漏洞，促使领导干部更加讲规矩、守规章；通过建立健全程序、规范、机制，进一步形成不敢腐的惩戒机制、不能腐的防范机制、不想腐的保障机制；不断健全党和国家监督体系，让人民监督权力，让权力在阳光下运行，使有权必有责、用权受监督、失职要问责、违法要追究成为广大党员、干部的思想自觉和行动自觉。

习近平总书记指出：“党的十八大以来，我们以自我革命精神推进全面从严治党，清除了党内存在的严重隐患，成效是显著的，但这并不意味着我们就可以高枕无忧了。党面临的长期执政考验、改革开放考验、市场经济考验、外部环境考验具有长期性和复杂性，党面临的精神懈怠危险、能力不足危险、脱离群众危险、消极腐败危险具有尖锐性和严峻性，这是根据实际情况作出的大判断。全党要增强‘四个意识’、坚定‘四个自信’、做到‘两个维护’，自觉在思想上政治上行动上同党中央保持高度一致，自觉维护党的团结统一，严守党的政治纪律和政治规矩，始终保持同人民的血肉联系。中华民族正处在伟大复兴的关键时期，我们的改革发展正处在克难攻坚、闯关夺隘的重要阶段，迫切需要锐意进取、奋发有为、关键时顶得住的干部。党的十八大以来，我们取得了反腐败斗争压倒性胜利，但反腐败斗争还没有取得彻底胜利。反腐败斗争形势依然严峻复杂，零容忍的决心丝毫不能动摇，打击腐败的力度丝毫不能削减，必须以永远在路上的坚韧和执着，坚决打好反腐败斗争攻坚战、持久战。”①

---

① 《提高防控能力着力防范化解重大风险　保持经济持续健康发展社会大局稳定》，《人民日报》2019 年 1 月 22 日。

第九章　防范化解重大风险必须坚持底线思维

党的十八大以来，习近平总书记反复强调要提高底线思维能力。底线思维作为我们党治国理政重要的世界观和方法论，是我们成功应对重大挑战、抵御重大风险、克服重大阻力、解决重大矛盾的重要理论思维能力和实践应用能力。面对深刻变化的国内外环境，坚持底线思维，增强忧患意识和风险意识，对于我们科学研判形势、合理制定规划、增强政治定力和战略定力都具有重要意义。

一、坚持底线思维是我党的优良传统

我们党是生于忧患、成长于忧患、壮大于忧患的政党。坚持底线思维、增强忧患意识，是我们党战胜各种风险挑战、不断从胜利走向胜利的重要思想方法、工作方法、领导方法，是我们党在长期推动伟大社会革命历史进程中形成的优良传统。

（一）坚持底线思维贯穿于党的每一个历史进程

第一次国内革命战争失败以后，在关系党和革命事业前途命运的关键时刻，中共中央政治局于 1927 年 8 月 7 日在汉口召开紧急会议，批判和纠正了陈独秀右倾机会主义错误，确定了土地革命和武装反抗国民党反动派的总方针。在这次会议上，毛泽东同志提出了著名的“枪杆子里面出政权”的论断，强调了我们党必须坚持紧握“枪杆子”，用革命的武装反对反革命的武装，给中国共产党指明了新的出路，为挽救党和革命作出了巨大贡献。“枪杆子里面出政权”，也成为中国共产党人在革命战争年代一条重要的原则底线。

抗战胜利后，世界战略格局和中国国内形势发生了重大而深刻的变化，在国共两党的重庆谈判中，我们党坚持底线思维，把解放区军队一枪一弹均必须保持，作为确定不移的原则。正是因为我们守住了手中的“枪杆子”，在国民党反动派拿起屠刀时，我们党领导人民进行了英勇奋斗，最终夺取了政权。

中华人民共和国成立前夕，毛泽东同志告诫全党：“中国的革命是伟大的，但革命以后的路程更长，工作更伟大，更艰苦。这一点现在就必须向党内讲明白，务必使同志们继续地保持谦虚、谨慎、不骄、不躁的作风，务必使同志们继续地保持艰苦奋斗的作风。”① 这“两个务必”，就是共产党人开始建设新中国长征必须坚持的底线。

改革开放初期，一些人公开否定毛泽东和毛泽东思想、否定党的历史和党的领导，对此，党中央领导全党进行了深刻的思想斗争和有力反击。邓小平同志提出了“四项基本原则”，作为实现四个现代化的根本前提，强调“在整个改革开放的过程中，必须始终注意坚持四项基本原则”。② 他在总结自己几十年革命和建设生涯时说：“坚持四项基本原则，任何时候我都没有让过步！”在中英香港问题谈判中，邓小平同志明确指出：“关于主权问题，中国在这个问题上没有回旋余地。坦率地讲，主权问题不是一个可以讨论的问题。”③ 这就为中英两国政府就中国恢复对香港行使主权谈判明确划定了底线。

---

① 中共中央文献研究室、中央档案馆编：《建党以来重要文献选编（1921—1949）》第26册，中央文献出版社2011年版，第171页。

② 陈兆德、周明生主编：《马克思主义著作选读和辅导》，人民出版社1999年版，第431页。

③ 《邓小平文选》第3卷，人民出版社1993年版，第12页。

在推进改革开放和中国特色社会主义的伟大进程中，中国共产党人登高望远、防患未然，对前进中可能出现的各种风险作出科学预测和正确判断，坚持底线思维，坚持“四项基本原则”，保证了改革开放坚定不移沿着正确道路不断向前推进。

党的十八大以来，面对中国特色社会主义进入新时代后外部环境深刻变化和我国改革发展稳定面临的新情况新问题，习近平总书记多次强调要坚持底线思维，凡事从坏处准备，努力争取最好的结果，这样才能有备无患、遇事不慌，牢牢把握主动权。在 2018 年 1 月 5 日举行的新进中央委员会的委员、候补委员和省部级主要领导干部学习贯彻习近平新时代中国特色社会主义思想和党的十九大精神研讨班上，习近平总书记着眼党和国家事业发展全局，鲜明提出“三个一以贯之”的要求并进行了深刻阐述：坚持和发展中国特色社会主义要一以贯之；推进党的建设新的伟大工程要一以贯之；增强忧患意识、防范风险挑战要一以贯之。习近平总书记关于增强忧患意识、防范风险挑战的重要论述，为我们坚持底线思维提供了根本遵循。

（二）坚持底线思维是中国共产党继承中华优秀传统文化和坚持马克思主义建党学说的思想成果

中华民族是一个具有深沉忧患意识的民族。中国古代先贤一再强调“生于忧患，死于安乐”，“明者远见于未萌，而智者避危于无形”。忧患意识是中华文化的重要传统，深刻影响了中华民族的精神境界和处事方法。从底线思维的角度看，忧患意识就是警醒人们始终不突破思想行为的底线，反映了中国人“于安思危，危则虑安”的辩证思维。

中华民族也是一个善于坚守自持的民族。“三军可夺帅，匹夫不可夺志”“士可杀不可辱”“是可忍孰不可忍”，这些中国人耳熟能详的格言警句，反映了中国人在面对个人和民族危难时坚守的原则底线，是中华民族生生不息的强大精神支柱。正是这种在原则底线面前以命相搏的精神，为中华民族宽厚仁和、谦让能忍的民族性格赋予了更深的意义。中国共产党作为中华优秀儿女的代表，历来非常重视从中华优秀文化中汲取精神力量，继承并发扬了中华民族的优秀传统，形成了在压力和困难面前绝不放弃原则底线，在成绩和胜利面前坚持安不忘危、防患未然的底线思维。1939 年 9 月 16 日，毛泽东在《和中央社、扫荡报、新民报三记者的谈话》中，对国民党顽固派向解放区的军事进攻提出警告，明确了“人不犯我，我不犯人；人若犯我，我必犯人”① 的底线原则。邓小平同志在谈到香港问题时指出：“港人治港有个界线和标准，就是必须由以爱国者为主体的港人来治理香港。”“我们不要求他们都赞成中国的社会主义制度，只要求他们爱祖国，爱香港。”② 邓小平同志为“港人治港”划出的原则底线，成为香港回归祖国后贯彻落实“一国两制”的重要指导思想。

习近平总书记指出：“面对新形势新挑战，要发扬斗争精神，既要敢于斗争，又要善于斗争，在事关中国特色社会主义前途命运的大是大非问题上坚定不移，在改革发展稳定工作中敢于碰硬，在全面从严治党上敢于动硬，在维护国家核心利益上敢于针锋相对，不在困难面前低头，不在挑战面前退缩，不拿原则做交易，不在任何压力下吞下损害中华民族根本利益的苦果。”③ 底线思维也体现了马克思主义理论的内在逻辑。马克思主义唯物辩证法中量变与质变的原理、主观能动性与客观规律性的关系，自然导出体现底线思维的前瞻意识、忧患意识、责任意识、斗争意识、积极防御意识和“祸福相依”的意识等。马克思主义坚持一切从实际出发，实事求是，要求具体问题具体分析，特别要看到事物不利的一面，从坏的方面着手，不掩盖问题、不回避矛盾，揭示了底线思维的精髓要义。

---

① 《毛泽东选集》第 2 卷，人民出版社 1991 年版，第 590 页。
② 《邓小平文选》第 3 卷，人民出版社 1993 年版，第 61 页。
③ 《习近平谈治国理政》第 2 卷，外文出版社 2017 年版，第 190 页。

（三）坚持底线思维是我们党领导人民实现中华民族伟大复兴的必然要求

底线思维是我们党在血与火的考验中凝结成的历史经验。在革命战争年代，在复杂的斗争环境中，我们党总是宁肯把困难想得更多一些，承认困难，分析困难，从而排除困难，达到胜利的目的。这是我们实现中华民族伟大复兴必须继承发扬的宝贵财富。中国特色社会主义进入新时代，面对波谲云诡的国际形势、复杂敏感的周边环境和艰巨繁重的改革发展稳定任务，我们必须始终保持高度警惕，增强驾驭风险的本领，不断提高党把方向、谋大局、定政策、促改革的能力和定力，健全各方面风险防控机制，必须始终把底线思维贯穿到各项工作中，积极作为、未雨绸缪，见微知著、防微杜渐，下好先手棋、打好主动仗，成功应对重大挑战、抵御重大风险、克服重大阻力、解决重大矛盾，推动党和国家事业发生历史性变革、取得历史性成就。当前，来自国内外的各种矛盾风险源、各类矛盾风险点相互交织、相互作用，甚至有形成一个风险综合体的可能。如果缺乏底线思维，看不到风险，或者防范应对不力，处理不当，就会传导、叠加、演变、升级，隐患成为显患，局部风险成为系统风险，境外风险成为境内风险，经济、社会、文化、生态领域的风险转化为政治风险，最终危及党的执政地位、危及国家安全，迟滞甚至打断我国的社会主义现代化和中华民族伟大复兴进程。

二、坚持底线思维既是重要原则，又是科学方法

底线思维是我们把中国特色社会主义事业推向前进必须坚持的一项重要原则，是我们正确分析、判断、应对国内外各种复杂局面的科学方法。这就要求我们既要把握好原则，在重大问题上守住底线，确

保不发生颠覆性、系统性风险，又要善于运用底线思维发现问题、分析问题、解决问题。

（一）坚持底线思维是一项重要原则

能不能坚持底线思维，关系到我们事业的兴衰成败。中国共产党在不断化解风险的过程中，积累了丰富的斗争经验，形成了必须坚持的一系列重大原则乃至制度规范，这些重大原则和规范，就是必须坚持的底线，它们不仅在实践层面形成了规范约束效力，同时也是我们防范化解各种风险挑战的一种思维能力。在思想上和实践中动摇这些重大原则，将为党和国家的事业带来巨大损失。在新时代，坚持底线思维作为一个重大原则问题，主要体现在以下几个方面。

在道路方向问题上，坚持底线思维，就是决不能在根本性问题上出现颠覆性错误，既不走封闭僵化的老路，也不走改旗易帜的邪路。习近平总书记指出："道路问题是关系党的事业兴衰成败第一位的问题，道路就是党的生命。""在方向问题上，我们头脑必须十分清醒。""中国是一个大国，决不能在根本性问题上出现颠覆性错误，一旦出现就无法挽回、无法弥补。"① "新民主主义革命的胜利成果决不能丢失，社会主义革命和建设的成就决不能否定，改革开放和社会主义现代化建设的方向决不能动摇。这是党和人民在当今世界安身立命、风雨前行的资格。"② 在经济建设方面，坚持底线思维，必须要把防控金融风险放到更加重要的位置，牢牢守住不发生系统性风险底线。当前，在经济建设上，我们既要充分肯定成绩，也必须清醒认识到，我国正处在转变发展方式、优化经济结构、转换增长动力的攻关期，结构性、体制性、周期性问题相互交织，"三期叠加"影响持续深化，特别是2020年受到突如其来的新冠肺炎疫情的影响，经济下行压力加大。从

① 《习近平谈治国理政》，外文出版社 2014 年版，第 21、67、348 页。

② 《习近平谈治国理政》第 2 卷，外文出版社 2017 年版，第 13 页。

外部环境看，世界经济增长持续放缓，仍处在国际金融危机后的深度调整期，世界大变局加速演变的特征更趋明显，全球动荡源和风险点显著增多，后疫情时代的经济政治不确定性增加。面对复杂多变的国内国际形势，我们要全面建成小康社会，实现第一个百年奋斗目标，为“十四五”发展和实现第二个百年奋斗目标打好基础，坚持底线思维、做好经济工作十分重要。在依法治国方面，坚持底线思维，就必须牢固树立法律红线不能触碰、法律底线不能逾越的观念，自觉维护法律尊严和权威。在生态环境保护方面，坚持底线思维，就必须实行最严格的生态环境保护制度，严守生态保护红线。生态文明建设是一场涉及生产方式、生活方式和价值观念的革命，关系人民福祉、民族未来，必须牢固树立生态红线观念，不能越雷池一步。在外交方面，坚持底线思维、就必须要坚持走和平发展道路，绝不能放弃我们的正当权益，绝不能牺牲国家核心利益，绝不能吞下损害我国利益的苦果。

（二）底线思维是辩证唯物主义世界观和方法论的体现，是我们新时代切实做实做好改革发展稳定各项工作的科学方法

首先，底线思维作为一种科学方法，具有目的性和价值性。全心全意为人民服务是我们党的根本宗旨，实现好、维护好、发展好最广大人民的根本利益，是中国共产党矢志不渝的价值追求。实现这一价值追求，就必须坚持和发展中国特色社会主义，全面建成社会主义现代化强国，实现中华民族伟大复兴的中国梦。而要实现这一目标，必须坚定不移推进经济、政治、文化、社会、生态文明各个方面建设。坚持底线思维，就是着力防范化解任何影响中国特色社会主义发展、影响中华民族伟大复兴中国梦实现的内外风险。在这个问题上绝不能有丝毫动摇、犹豫和彷徨。

其次，底线思维具有系统性和功能性。经济、政治、文化、社会、生态文明建设是一个复杂的系统，相互作用、相互影响，任何一方面

局部的问题，都有可能造成全局性、系统性风险。坚持底线思维，就是要以普遍联系的方法论，高度注意系统的风险联动。不仅要注意从局部堵塞漏洞、补齐短板、防范风险，而且要特别注意从全局、系统的角度去发现问题、解决问题，优化整个系统的功能；不仅要认清国内形势，科学预判风险点，而且要把握国际形势，树立世界眼光，在国际交流中增强风险意识，做到趋利避害，营造对我国有利的国际环境。

再次，底线思维具有预见性和前瞻性。科学分析形势、预判形势，作出正确判断，是我们做好一切工作的重要方法。底线思维着眼于防患未然、化危为机，体现了一种驾驭和把握事物发展趋势的工作方法。凡事预则立，不预则废。坚持底线思维，就是要准确预判事物发展的趋势，及时察知萌芽中的危险，事先做好计划准备，制定各种应对之策。据《墨子》记载，战国年间，公输盘为楚国造云梯，准备攻打宋国。墨子为制止这起战事，和公输盘进行了“沙场推演”，结果是“公输盘之攻械尽，子墨子之守圉有余”，公输盘进攻的招数已尽，但墨子守卫的办法还很多。墨子成功地为宋国解除危机，就在于他事先设想到了各种可能性，以周密的计划准备守住了不发生战事的底线。

最后，底线思维具有鲜明的问题导向。在实际工作中，发现问题是一种能力的体现，而底线思维就是发现问题的“显微镜”。麻木不仁、麻痹大意、骄傲自满、故步自封等工作态度，都是由于看不到潜在的问题，看不到形成问题的根由，畏果而不惧因，缺乏从最坏处打算的意识，缺乏实事求是的精神。事物的发展变化总是具有曲折性，人的认识能力永远无法穷尽客观事物本身。因此，坚持问题导向的底线思维作为一种科学的工作方法就格外重要。只有以底线思维推动解决经济、政治、文化、社会和生态领域中的各种问题，才能取得中国特色社会主义事业的永续发展。

（三）坚持底线思维这一重大原则和科学工作方法，必须处理好几个重要关系

一是要处理好高标准和守底线的关系。底线思维是一种问题导向、防控风险的思维，它实质上是一种高标准要求，是主动进取、积极有为、担当尽责的思维，不是不思进取、退求其次的思维。庸俗化理解底线思维的观点是极端错误的，必须要坚决摒弃。在实践中，片面理解坚持底线思维而没有高要求和高标准，往往更容易滑出底线，造成风险。要坚持高标准和守底线相统一，教育引导党员、干部自觉向着理想信念高标准努力，同时要以党的纪律为尺子，使党员、干部知敬畏、存戒惧、守底线。坚持底线思维，必须把握好坚持底线与坚持高标准之间的辩证关系，既善守又善为，以有所作为坚持底线，以坚持底线防控风险。既要有防范风险的先手，也要有应对和化解风险挑战的高招；既要打好防范和抵御风险的有准备之战，也要打好化险为夷、转危为机的战略主动战。

二是要处理好锐意进取和积极防御的关系。军事学上讲，进攻是最好的防御。坚持底线思维，不能单纯理解为坚持守成防御思维，须进攻必有所据，防范必有所据，始终保持旺盛的斗志，积极进取，勇于向困难处打好硬仗，勇于在风险中接受挑战。无数事实说明，在重大风险、重大挑战面前，一方面要讲求策略和战术，力戒鲁莽和躐等，懂得“收回拳头再打出去更有力”；另一方面，必须明确，“树欲静而风不止”，退避三舍、一味忍让是没有出路的，消极等待、但求无过是守不住底线的。底线思维要求正视问题和风险，着眼更高要求和更长远大局，力求更好的结果和更大的目标，因此，必须将讲求斗争策略和积极作为有机结合起来，既懂得迂回作战，又善于打阵地战；既不盲动妄作，又能积极有为。各级领导干部要以对党忠诚、为党分忧、为党尽职、为民造福的政治担当，面对矛盾问题敢于迎难而上，面对

危机敢于挺身而出，面对失误敢于承担责任，面对歪风邪气敢于坚决斗争。同时，要坚持讲求斗争策略和斗争艺术，不逞匹夫之勇，不做吴下阿蒙，根据形势需要，把握时、度、效，及时调整斗争策略以适应新情况新问题。

三是要处理好继承传统和改革创新的关系。坚持底线思维是我们党的优良传统，在推进伟大社会革命的历史进程中，党积累了丰富的关于坚持底线思维的方法论和实践论。这是一笔宝贵的精神财富。我们一定要认真汲取历史的经验教训，把底线思维的历史厚度，化作我们做好一切工作的现实价值。在党的历史上，有许多成功的坚持底线思维化解巨大风险的案例，其中有思想方法，也有工作方法，这些方法并没有随着时间的推移而失去价值，和当代实践相结合后，仍然是行之有效的。坚持底线思维，必须站在继承党的优良传统的基础上，不能舍本逐末。没有继承，就没有真正的创新；不创新，也就做不到继承。坚持底线思维这一重大原则和科学方法，既要善于从历史中汲取丰富的营养，有宽阔的历史视野；又要结合新形势进行创造性提升，解决实际中遇到的问题，不断丰富和发展我们党坚持底线思维的理论和实践。

三、坚持底线思维的基本要义

习近平总书记指出，要善于运用底线思维的方法，“凡事要从坏处准备，努力争取最好结果，做到有备无患”,[①] 遇事不慌，牢牢把握主动权。深刻学习领会习近平总书记关于坚持底线思维的重要讲话精神，把握好坚持底线思维的基本要义，对于我们在思想上、实际工作中贯彻落实好坚持底线思维，具有重大意义。

---

① 中共中央文献研究室编：《习近平关于全面建成小康社会论述摘编》，中央文献出版社 2016 年版，第 19 页。

（一）问题导向的忧患意识

忧患意识是我们党鲜明的执政品格，是中华民族长期形成的精神特质，是底线思维的基本要义。忧患意识不是杞人忧天，而是基于对事物发展变化的一种深刻的把握和理解。祸福相依、难易相成、安危共存，前进中有曲折，挑战中有机遇，事物正是在相反相成的两种力量推动下发展变化的。忧患意识，就是要“于无声处听惊雷”“见一叶落而知天下秋”，见微知著，看到问题的客观存在，在思想上常怀忧患戒惧，在策略上早做预案，在行动上提前一步。忧患意识是问题导向的，也是策略导向和目标导向的，目的就在于通过及早发现问题、分析问题，从而使隐患在成为显患之前及时消除，形象地说，就是通过及早曲突徙薪，避免将来焦头烂额。

我们党诞生于中华民族灾难深重、内忧外患的危急时刻，为实现救国救民的理想而进行了艰苦卓绝的不懈奋斗，带领人民群众攻克了一个又一个看似不可攻克的难关，创造了一个又一个彪炳史册的人间奇迹。在90多年的奋斗史中，党始终保有一种深刻的忧患意识。进入新时代，在推进中国特色社会主义事业的伟大进程中，党面临着“四大考验”和“四种危险”，面临着在全面深化改革中推进改革发展稳定的艰巨任务。必须始终保持忧患意识、清醒头脑，保持高度警惕，充分估计困难风险，毫不自满、毫不松懈，预先看到前途和趋向，及时察知萌芽中的危险，做到防微杜渐、有备无患，有效应对各种考验，化解各种风险，确保党和国家的事业不断向前发展。

（二）严防死守的责任担当

比认识更重要的是决心，比方法更关键的是担当。底线思维是一种科学的思想方法和工作方法，要真正做到坚持底线思维，就必须将忧患意识转化为担当的责任和能力。只有强化责任担当意识，面对底线，头脑才清醒，眼睛才明亮；只有强化责任担当意识，才能面对风险发挥主观能动性，有办法、有措施、有行动；只有强化责任担当意识，才有坚定不移严防死守各个风险点的决心和意志。有的同志缺乏看到风险的能力，缺乏发现问题的本领，缺乏防范风险守住底线的意识，遇到矛盾能避就避，碰到问题能推脱就推脱，该改的不敢大刀阔斧地改，该闯的不敢勇往直前地闯，乃至积小患成为大风险，主要原因就在于缺乏勇于担当的动力支撑。因此，担当既是坚持底线思维的基本要义，又是落实坚持底线思维的行动保证。

坚持底线思维，要求各级领导干部要进一步增强防范化解重大风险的政治自觉和责任担当，常怀忧患之心，忧党之安危、忧国之兴衰、忧民之苦乐，切实做好应对风险挑战的思想准备和各项工作，努力将矛盾消解于未然，将风险化解于无形。强化责任担当，树立风险意识，必须做到守土有责、守土负责、守土尽责，科学预见工作中的各种风险点，不忽视小患，不放过隐患。要强化理论武装，紧贴工作实际，能够找准风险点，分析原因，果断决策，及时处置。要在实际工作中努力完善风险研判、决策、防控机制，强化风险防控责任落实，主动加强协调配合，坚持一级抓一级、层层抓落实。要结合本职工作，多从困难处着想、从复杂处着想，高度警惕突发性偶发性事件，打好提前量，把预案做得早一些，周密一些，做到“积谷防饥”，不可“临渴掘井”，积极寻求防范化解风险、处理复杂矛盾、应对突发事件、谋求稳定发展的路径和方法，千方百计“托底”“守底”“保底”，确保风险在预料之中、在底线之内、在掌控之下。

（三）统筹兼顾的大局观念

“不谋全局者，不足以谋一域，不谋万世者，不足以谋一时。”树立正确的大局观念，统筹兼顾局部各利益与大局利益，注重从全系统、全链条的角度防范和化解风险，是坚持底线思维的基本要义。任何事物都是整体与局部的有机统一，它们相互作用、不可分割，其中，整体对局部起统御和支配作用。坚持底线思维，就是要善于抓住主要矛盾和矛盾的主要方面，善于从普遍联系的观点看待问题，树立整体至上的全局观念，一切服从服务于大局，一切以整体利益最大化为旨归。

当前，国内外局势复杂多变，在发展进程中，政治、经济、社会和文化相互之间的影响越来越大，来自外部环境领域的风险和来自国内的风险相互联动进而形成更大风险的挑战。在这种情况下，坚持底线思维，防范重大风险，必须树立大局观，观大势、明大局，切实从维护大局出发做好防范风险的各项工作。必须明确，我们所说的底线，既是具体工作中必须坚持的原则和立场，更是整个大局的稳定；既是对各自工作领域的忧患意识，更是对整个大局的忧患意识。切实领会在这个问题上的辩证法，才能在坚持底线思维中真正做到把谋一域与谋全局结合起来，把谋一时和谋长远结合起来。坚持底线思维要着眼于大局，就是要在事关全局和原则的问题上立场坚定、态度鲜明。要高度重视维护全局利益、长远利益、根本利益，绝不能只顾眼前利益、一时得失，最终影响大局。一方面，如果在事关全局的问题上随波逐流，丧失原则和立场，形成风险防控的“短板”，就会严重危害党和人民事业的发展；另一方面，如果看不到局部风险联动整个大局，就会产生麻木懈怠，丧失坚守底线的原则性，小患酿成大祸。坚持底线思维，要以国家利益和人民利益为最高价值取向，正确把握局部利益和全局利益、眼前利益和长远利益、具体利益和根本利益的关系，在工作中明大小之辩，知轻重之分，懂缓急之别，提高警惕，慎重决策，合理选择，谋定而后动，切实守住局部风险，为整个大局的稳定作出贡献。

（四）沉着冷静的战略定力

保持战略定力是坚持底线思维的一个基本要求。在应对风险中保持自信、坚定、从容，不仅是一种胸襟，更是一种科学的方法。《大学》有云："定而后能静，静而后能安，安而后能虑，虑而后能得。"保持战略定力，"不畏浮云遮望眼"，才能沉着冷静地应对各种风险挑战，才能做到守住底线。从事物发展的客观规律来看，风险是始终存在的，防控风险不可能一劳永逸。换言之，我们总是在风险和考验中前进，如果缺乏战略定力，左顾右盼、左右摇摆，为风险所左右，或者害怕风险、逃避风险、瞻前顾后、疲于奔命，就很难在风险面前作出正确判断、拿出恰当策略。

保持战略定力，就是要做到处变不惊，遇险不慌。没有风险的发展是不存在的，发展不遇到风险也是不可能的。当前，我国仍处于大有可为的战略机遇期，我国各方面发展的总体形势是好的，我们没有理由在困难面前动摇、彷徨。同时，我国面临的各方面风险和挑战也是客观存在的，一时不适应的情况是不可避免的，这并不可怕，可怕的是遇到新情况新问题病急乱投医，左右摇摆不知所措。这是比风险和挑战本身更大的风险。丧失战略定力，被困难牵着鼻子走，就很容易掉入他人设下的陷阱，犯下战略性错误。我们一定要保持战略定力，善于运用战略回旋空间，紧紧抓住战略机遇期，全力呵护战略机遇期，既要有所作为，也不能急于求成，牢牢把握社会主义初级阶段这个最大国情，牢牢立足社会主义初级阶段这个最大实际，紧密团结在以习近平同志为核心的党中央周围，沿着认准的方向、走对的道路义无反顾走下去，把党的十八大以来形成的良好态势发展下去，把党的十九大以来制定的路线方针政策坚定不移地贯彻落实下去。

（五）积极进取的斗争精神

斗争精神是坚持底线思维的必然要求。坚持底线思维，防范化解重大风险，需要有顽强的斗争精神。建设伟大工程，推进伟大事业，实现伟大梦想，必须进行具有许多新的历史特点的伟大斗争，与一切削弱、歪曲、否定党的领导和我国社会主义制度的言行，与一切损害人民利益、脱离群众的行为，与一切阻碍历史进步的顽瘴痼疾，与一切分裂祖国、破坏民族团结和社会和谐稳定的行为进行坚决斗争。要加强斗争历练，增强斗争本领，永葆斗争精神，敢于并善于斗争，切实把改革发展稳定各项工作做实做好。

发扬斗争精神，首先要站稳斗争立场。只有站稳斗争立场，才能明白底线所在、斗争的方向所在。中国共产党自诞生起，就矢志不渝以斗争化解矛盾，以斗争坚守底线，以斗争捍卫党、国家和人民的根本利益，从而实现为中国人民谋幸福、为中华民族谋复兴的目标。

发扬斗争精神要讲求斗争策略。斗争策略是底线目标和实践结果之间的重要桥梁。中国共产党在面对不同性质的风险矛盾及其不同的发展阶段，历来善于实事求是地选择恰当的斗争策略，做到了底线的原则性和策略的灵活性之间的辩证统一。坚持底线思维，必须要审时度势、实事求是地拿出斗争策略，使防范和化解各种风险挑战落到实处，从而更好地捍卫底线。

发扬斗争精神要注意总结斗争经验。中国共产党在应对国内外各种风险挑战的过程中，积累了丰富的斗争经验，这些斗争经验既包含必须坚持的一些重大原则，也包含成功防范化解各种风险的一些经验总结。要认真总结党的斗争经验，使之和新时代相结合，和防范化解当前面临的风险挑战相结合，和具体工作相结合，切实明确哪些必须坚定不移地坚持下去，哪些必须与时俱进，适应变化着的客观实际，从而使我们在伟大的斗争实践中不断丰富斗争经验，增强斗争本领。

四、要高度关注“黑天鹅”“灰犀牛”事件

坚持底线思维，当前和今后一段时间，既要高度警惕“黑天鹅”

事件，也要防范“灰犀牛”事件；既要有防范风险的先手，也要有应对和化解风险挑战的高招；既要打好防范和抵御风险的有准备之战，也要打好化险为夷、转危为机的战略主动战。

（一）要以高度的警惕，科学地预判和积极地应对防范“黑天鹅”事件

“黑天鹅”事件主要指没有预料到的突发事件或问题。“黑天鹅”事件存在于自然、经济、政治等各个领域，特别是金融领域。“黑天鹅”事件具有发生概率很小、高度不可预测性、一旦发生会带来严重后果等特征。例如，亚洲金融危机和美国次贷危机引发的国际金融危机，就给国际经济带来巨大的、深远的影响，一些国家数十年的发展成果因此付诸东流，至今仍无法走出低迷状态。再如，2020 年肆虐全球的新冠肺炎疫情，导致不同程度的区域封闭、人员禁行、企业停工停产，生产要素流动受阻，国际交流无法正常开展。目前，疫情尚未结束，其影响程度还难以估计，但可以肯定的是，疫情将对经济生活、社会生活乃至国际关系带来巨大影响。高度警惕、积极应对此类“黑天鹅”事件，是防范化解重大风险、保持经济持续健康发展和社会大局稳定的必然要求。

当前，我国经济发展面临的国际环境和国内条件都在发生深刻而复杂的变化。2019 年底召开的中央经济工作会议指出：“我国正处在转变发展方式、优化经济结构、转换增长动力的攻关期，结构性、体制性、周期性问题相互交织，‘三期叠加’影响持续深化，经济下行压力加大。当前世界经济增长持续放缓，仍处在国际金融危机后的深度调整期，世界大变局加速演变的特征更趋明显，全球动荡源和风险点显著增多。”① 与此同时，这些不利因素又因新冠肺炎疫情的流行而得

① 《中央经济工作会议在北京举行》，《人民日报》2019 年 12 月 13 日。

到放大。在此情形下，对于“黑天鹅”事件可能给我国经济发展带来的风险和冲击，我们必须保持清醒头脑和高度敏感性，增强忧患意识和风险意识。要加强跟踪监测分析，加强预警预测，及时发现一些趋势性和苗头性问题，未雨绸缪，制定好预案，防患于未然，打好有准备之仗。“黑天鹅”事件虽然难以预测，具有突发性、偶发性和联动性，但是扎紧防范风险的牢笼，提高防控能力，就能以不变应万变。以应对突如其来的新冠肺炎疫情为例，党中央高度重视，坚持把人民生命安全和身体健康放在第一位，统筹全局、沉着应对，果断采取一系列防控和救治举措，用一个多月的时间就初步遏制了疫情蔓延的势头，疫情防控取得重大战略成果，复工复产复学正逐步推进。以防范金融风险来说，党的十八大以来，党中央对金融工作高度重视，采取了一系列强化金融监管举措，稳定了发展大势。经过多年发展，金融市场、金融监管、金融法治和金融调控体系日趋完善，银行资本充足率、拨备覆盖率高，财政赤字和负债率低，可动用的工具手段多，风险防控能力也不断增强。在面对经济社会可能发生的重大风险面前，可以发挥经济基本面好的有利条件，储备好“政策包”和“工具箱”，用更好的风险防控能力为经济平稳大局保驾护航。

当前，特别要对叠加疫情风险的经济领域的“黑天鹅”事件给予高度重视。一方面，在后疫情时代要加强对全球重要经济体潜在风险的研判，深入研究外部经济风险对我国经济发展可能带来的冲击，弄清外部风险传导机制、机理及其对我国经济发展可能造成的影响，制定好应对预案，做到未雨绸缪；另一方面，要积极参与全球经济治理，推动国际政治经济秩序改革完善，不失时机参与区域经济一体化进程，推动共建“一带一路”高质量发展，多措并举，努力为我国经济发展创造良好外部环境，降低外部风险对我国经济持续健康发展造成的冲击。

（二）要以高度的危机意识和果断的行动力防范和化解“灰犀牛”事件

与“黑天鹅”事件不同，“灰犀牛”事件一般指问题很大、早有预兆，但是没有给予足够重视，从而导致严重后果的问题或事件。“灰犀牛”事件不是随机突发的事件，而是在出现一系列警示信号和危险迹象之后，如果不加处置就会出现的大概率事件。一般来说，它有三个特征：一是可预见性；二是发生概率高，具有一定确定性；三是波及范围广、破坏力强。“灰犀牛”事件之所以会造成破坏，从主观上说，是因为人们心存侥幸、麻痹大意，急功近利、不顾长远，认为“灰犀牛”远在别处，其状态并未构成危险，正是这种认知上的偏差，使人们对风险出现了误判。从客观上说，体制机制的惯性、管理结构的盲点、决策程序的低效等也会强化人们认知的偏差，拖延人们行动的脚步，从而贻误处理和控制风险的最佳时机。

“灰犀牛”事件问题已经存在，也有征兆，所以防范和化解的首要任务是坚持问题导向，增加危机意识。中国古人说：“物类之起，必有所始，荣辱之来，必像其德。”任何危机都有一个较长的酝酿过程，危机之前总是有大量问题出和风险堆积，然后逐步从数量发展到质量的转化。当前，要对存在的“灰犀牛”风险隐患予以高度警惕，对金融领域的风险隐患，尤其要小心应对。金融领域所发生的风险事件具有不确定性、爆发时间短促、传染力极强、破坏能量巨大的特点，若防范不慎，将会形成系统性风险。如影子银行、房地产泡沫、国有企业高杠杆、地方债务、违法违规集资等问题，都是风险点所在。要注意从防范和化解各个领域的小风险点着手，早识别、早发现、早处置，着手摸清情况，区分轻重缓急和影响程度，突出重点，采取有效措施，妥善加以解决。只有准确识别那些可能引发危机的大量风险点，找到防控点，才能降低大风险的发生。

必须指出的是，各种风险总是交织出现的，其形成机制和影响能力各有不同。“灰犀牛”和“黑天鹅”两种风险其实是事发之后的概括。风险爆发之前，很难界定究竟哪些风险是“灰犀牛”，哪些风险是“黑天鹅”，因此，对于所有风险，无论是大是小，无论是哪个领域，都必须坚持底线思维，加强预警管理，健全应对机制，提高防控能力，做到居安思危，打好防范各类风险的攻坚战。

第十章　切实提高领导干部防范化解重大风险能力

党的十八大以来，习近平总书记就为什么要防范化解重大风险、防范化解哪些重大风险、如何防范化解重大风险作了一系列重要论述，深刻回答了防范化解重大风险的方向性、根本性、战略性问题。在省部级主要领导干部坚持底线思维着力防范化解重大风险专题研讨班开班式上，习近平总书记发表重要讲话，强调要提高防控能力，着力防范化解重大风险，保持经济持续健康发展和社会大局稳定。习近平总书记对新形势下党和国家面临的重大风险作了系统阐述，深刻揭示了重大风险的特点规律，向全党发出了坚持底线思维、打好防范化解重大风险攻坚战的号召，为打好防范化解重大风险攻坚战指明了方向，提供了根本遵循。领导干部要学深悟透习近平总书记关于防范化解重大风险的重要思想和重要讲话精神内涵，进一步把握准“底线是什么”、搞清楚“忧患在哪里”、弄明白“风险怎么化”，针对习近平总书记强调的政治、意识形态、经济、科技、社会、外部环境、党的建设等领域重大风险，着力提升重大风险的防范意识、预防及处置能力，建立化解风险的长效机制，切实提高重大风险的应对和化解能力，不断夺取防范化解重大风险攻坚战的新胜利。

一、新形势下提高领导干部防范化解重大风险能力的意义

习近平总书记在党的十九大报告中指出："增强驾驭风险本领，健全各方面风险防控机制，善于处理各种复杂矛盾，勇于战胜前进道路上的各种艰难险阻，牢牢把握工作主动权。"[①] 在 2019 年 1 月 21 日召开的省部级主要领导干部坚持底线思维着力防范化解重大风险专题研讨班开班式上，习近平总书记强调："深刻认识和准确把握外部环境的深刻变化和我国改革发展稳定面临的新情况新问题新挑战，坚持底线思维，增强忧患意识，提高防控能力，着力防范化解重大风险，保持经济持续健康发展和社会大局稳定"。[②] 习近平总书记的重要讲话具有很强的思想性、针对性、指导性，对我们深刻认识提高防范化解重大风险能力的重要性，具有十分重大的意义。

（一）切实提高防范化解重大风险能力，是我们党不断取得胜利的历史经验

从党的历史经验上看，凡事从最困难、最坏处准备，努力去争取最好的结果，是我们党很重要的政治经验和政治智慧。毛泽东同志曾说："不论任何工作，我们都要从最坏的可能性来想，来部署。"[③] 新中国成立后，针对治党治国一系列重大问题，毛泽东同志通过深入调查研究，发表了《论十大关系》和《关于正确处理人民内部矛盾的问题》等重要著述，充分体现了对防范化解重大风险的高度重视。改革

---

① 习近平：《决胜全面建成小康社会 夺取新时代中国特色社会主义伟大胜利——在中国共产党第十九次全国代表大会上的报告》，人民出版社 2017 年版，第 69 页。

② 《提高防控能力着力防范化解重大风险 保持经济持续健康发展社会大局稳定》，《人民日报》2019 年 1 月 22 日。

③ 中共中央文献研究室编：《毛泽东文集》第 6 卷，人民出版社 1999 年版，第 404 页。

开放后，针对国际国内面临的严峻形势，邓小平同志提出："我们要把工作的基点放在出现较大的风险上，准备好对策。这样，即使出现了大的风险，天也不会塌下来。"①党的十八大以来，中国特色社会主义进入新时代，习近平总书记强调，"要深刻认识党面临的执政考验、改革开放考验、市场经济考验、外部环境考验的长期性和复杂性，深刻认识党面临的精神懈怠危险、能力不足危险、脱离群众危险、消极腐败危险的尖锐性和严峻性"，②这是根据实际情况作出的大判断。这充分体现了党对所面临的错综复杂的世情国情党情的清醒认识和着力防范化解重大风险的高度自觉。正是因为我们党充分预见到改革发展进程中可能遇到的各种风险，并不断提高防范化解重大风险的能力，才能有力应变局、平风波、化危机，保证党和国家各项事业披荆斩棘、乘风破浪、高歌猛进。

（二）切实提高防范化解重大风险能力，是我们进行许多新的历史特点的伟大斗争的政治要求

社会是在矛盾风险挑战中前进的，有矛盾风险挑战就会有斗争。经过改革开放 40 多年的高速发展，我国进入了发展关键期、改革攻坚期、矛盾凸显期。在经济稳中向好、社会总体稳定的同时，国际国内、经济政治社会等各领域的风险挑战也不断显现。要战胜前进道路上的各种艰难险阻，需要把防范化解重大风险作为重大课题，全面提高领导干部防范和化解重大风险的本领。任何贪图享受、消极懈怠、回避矛盾风险挑战的思想和行为都是错误的，最终都会危及党的执政地位、危及国家安全，只有对来自政治、意识形态、经济、科技、社会、党的建设等领域的重大风险有清醒认识，才能下好先手棋，掌握工作主

① 《邓小平文选》第 3 卷，人民出版社 1993 年版，第 267 页。

② 习近平：《决胜全面建成小康社会 夺取新时代中国特色社会主义伟大胜利——在中国共产党第十九次全国代表大会上的报告》，人民出版社 2017 年版，第 61 页。

动权，才能战胜一切在政治、经济、文化、社会等领域和自然界出现的困难和挑战。

（三）切实提高防范化解重大风险能力，是克服“能力不足”危险的必然要求

习近平总书记在党的十九大报告中将能力不足危险列为党在新时代面临的“四大危险”之一，向全党发出了警示、提出了要求，要求领导干部既要政治过硬，也要能力过硬、本领高强。“从现实来看，一些党员、干部尚未充分认识到国内外形势已发生深刻变化，仍满足于过去所取得的成绩，对风险挑战的研判能力明显不足；看不透形形色色现象背后的规律和趋势，在错综复杂形势面前一筹莫展、无所作为，有时甚至自乱阵脚、迷失方向，面临着‘新办法不会用，老办法不管用，硬办法不敢用，软办法不顶用’等问题，出现了不同程度的‘知识恐慌’‘本领恐慌’。”[①] 这就迫切需要提高领导干部的自身能力，真正做到既政治过硬，也本领高强。党员领导干部要通过持续的理论学习和实践锻炼，不断增强学习本领、政治领导本领、改革创新本领、科学发展本领、依法执政本领、群众工作本领、狠抓落实本领和驾驭风险本领，发扬斗争精神，增强斗争本领，以更好地做好防范化解重大风险各项工作。

二、切实增强重大风险的防范意识

在防范化解重大风险挑战方面，习近平总书记强调要强化风险意识，常观大势、常思大局，科学预见形势发展走势和隐藏其中的风险挑战，做到未雨绸缪，这是对各级党委、政府和领导干部提出的明确

① 吴再敏、石庆硕：《全面提高领导干部防范和化解重大风险本领》，中国社会科学网，http：//ex. cssn. cn/dzyx/dzyx _ mtgz/201910/t20191030 _ 5023432 _ 2. shtml。

要求。广大领导干部要增强风险防范意识，提高风险鉴别力和判断力，做到严以修身、严以律己，构筑好防范风险的第一道堤坝。

（一）增强防范化解重大风险的战略意识

防范化解重大风险，首先必须解决好思想认识这个“总开关”。不解决“怎么看”，认识不到防范化解重大风险的重要性和紧迫性，就会面临“看不到、看不全、看不透”这个最大的风险，就无法解决“怎么办”这个关键问题。习近平总书记特别重视战略思维，强调战略思维永远是中国共产党人应该树立的思维方式。领导干部认识和处置风险都要先讲政治、讲大局，把重大风险上升到政治和全局的高度，上升到事关国家安全、社会稳定、人民福祉的高度来认识。当前，我国面临复杂多变的安全和发展环境，各种可以预见和难以预见的风险因素明显增多，各方面风险可能不断积累甚至集中显露。国家安全内涵和外延比历史上任何时候都要丰富，时空领域比历史上任何时候都要宽广，内外因素比历史上任何时候都要复杂，维护国家安全和社会稳定的任务十分艰巨。我国正处于一个大有可为的历史机遇期，发展形势总的是好的，大局是稳定的。但我们面临的风险也是多方面的，有外部风险，也有内部风险；有一般风险，也有重大风险。重大风险既包括国内的经济、政治、意识形态、社会风险以及来自自然界的风险，也包括国际经济、政治、军事风险等。特别是要看到，各种威胁和挑战联动效应明显，各种矛盾风险挑战源、各类矛盾风险挑战点相互交织、相互作用。如果发生重大风险又扛不住，国家安全就可能面临重大威胁，实现中华民族伟大复兴的进程就可能迟滞或被迫中断。因此，必须深刻领会防范化解重大风险的战略意义，从政治和全局的高度认识面临的风险，把防范化解重大风险作为树牢“四个意识”、坚定“四个自信”、坚决做到“两个维护”的具体行动，不断增强工作的全局性、系统性、预见性，持之以恒、从严从实把这一工作抓实抓细。

（二）增强防范化解重大风险的忧患意识

习近平总书记指出，前进的道路不可能一帆风顺，越是前景光明，越是要增强忧患意识，做到居安思危，全面认识和有力应对一些重大风险挑战。“安而不忘危，存而不忘亡，治而不忘乱。”忧患意识是中华民族的一个重要精神特质。习近平总书记指出，增强忧患意识、做到居安思危是我们党治国理政必须坚持的一个重大原则。实现伟大梦想，必须进行具有许多新的历史特点的伟大斗争，应对重大挑战、抵御重大风险、克服重大阻力、解决重大矛盾。统筹发展和安全，更是一种历史使命和责任担当。我们党是生于忧患、成长于忧患、壮大于忧患的政党，一直是在应对各种风险挑战中走过来的。新的形势下，党员干部更应该增强忧患意识，不能只会做“太平官”，经不起困难、曲折、风险、危机，要时刻牢记越是取得成绩的时候，越是要有如履薄冰的谨慎，越是要有居安思危的忧患，必须把防风险摆在突出位置，着力破解各种矛盾和问题，力争不出现重大风险或在出现重大风险时扛得住、过得去，绝不能犯战略性、颠覆性错误。

（三）增强防范化解重大风险的科学意识

防范化解重大风险，首先要正确认识风险，风险在哪里、现状如何、趋势怎样，各类风险中的主要风险是什么，在主要风险中哪些矛盾是主要的。对诸如此类问题要做到心中有数，才能做到未雨绸缪、应对有方。这就需要有科学的应对方法，要常观大势、常思大局，科学预见形势发展走势和隐藏其中的风险挑战，做到未雨绸缪。对此，各级领导干部要加强理论修养，深入学习马克思主义基本理论，学懂弄通做实新时代中国特色社会主义思想，掌握贯穿其中的辩证唯物主义的世界观和方法论，提高战略思维、历史思维、辩证思维、创新思维、法治思维、底线思维能力，善于从纷繁复杂的矛盾中把握规律，不断积累经验、增长才干。聚焦这些重大国家战略和国家大事实施中存在及潜在的风险，聚焦政治安全、政府债务和金融等方面，科学制定防控和化解方案，有效防范和应对国内外敌对势力的干扰和破坏，以重大风险的化解带动各类风险的解决，进而保障重点工作的推进和整体工作的深入开展。

（四）增强防范化解重大风险的责任意识

防范化解重大风险，是各级党委、政府和领导干部的政治职责。要敢于担当、敢于斗争，把防范化解重大风险工作做实做细做好，决不让小风险演化为大风险，不让个别风险演化为综合风险，不让局部风险演化为区域性或系统性风险，不让经济风险演化为社会政治风险，不让国际风险演化为国内风险。当前，我们正处于历史性窗口期和战略性机遇期，处于深化改革的攻坚期和转型升级的阵痛期、关键期，大事多、好事多，难事和风险也多，面临的矛盾也更加复杂。逆水行舟，不进则退。越是在困难的时候，越要保持清醒头脑和战略定力，增强防范化解重大风险的信心和勇气，不为风险所压倒，不悲观不懈怠。在风险面前，我们既要明晰风险的主要矛盾和次要矛盾，又要兼顾个别矛盾和普遍矛盾；既要看到主流，又要明确支流，克服形而上学片面性，反对只顾一头、不计其余，防止出现“按下葫芦浮起瓢”或者“一着不慎，满盘皆输”现象。这就要求各级领导干部必须切实肩负起防范化解重大风险的政治职责，以强烈的政治担当清醒地认识和预判各种风险隐患，增强防范化解重大风险的政治自觉。

三、全面提高重大风险的研判和预防能力

“明者防祸于未萌，智者图患于将来。”习近平总书记强调，防范化解重大风险，要提高政治能力，增强政治敏锐性和政治鉴别力，善

于从政治上分析问题、解决问题。要有见微知著能力，草摇叶响知鹿过、松风一起知虎来、一叶易色而知天下秋，见事早、行动快。要提高风险化解能力，善于透过复杂现象把握本质，把握时、度、效，抓住要害、找准原因，果断决策、一击即中。要增强群众工作能力，善于引导群众、组织群众，善于整合各方力量、科学排兵布阵，打好“组合拳”，有效掌控局势。

（一）增强预判风险能力，力争把风险消灭在萌芽之中

预判风险所在是防范风险的前提，把握风险走向是谋求战略主动的关键。习近平总书记指出，预判风险是防范风险的前提，把握风险走向是谋求战略主动的关键。多一分谋划，就多一分胜算，防范化解重大风险必须打好有准备之战。防范化解重大风险，关键在防。事物脆弱时容易破开，事物微细时容易散失。要在事情没有发生以前就早做准备，要在风险没有产生以前就处理妥当。防就要防得住、准备足，要把风险消灭在萌芽状态，不让风险发生；要把风险降到可控范围，把损失减少到最低。要常观大势、常思大局，科学预见形势发展走势和隐藏其中的风险挑战；要加强战略预判和风险预警，见微知著、未雨绸缪，力争把风险化解在源头，防止各种风险传导、叠加、演变、升级。

（二）坚持未雨绸缪，打有准备之战

防范化解重大风险要坚持“稳定大局、统筹协调、分类施策、精准拆弹”的基本政策。既要高度警惕“黑天鹅”事件，也要防范“灰犀牛”事件；既要有防范风险的先手，也要有应对和化解风险挑战的高招；既要打好防范和抵御风险的有准备之战，也要打好化险为夷、转危为机的战略主动战；既要善于补齐短板，更要注重加固底板。一是要防范“灰犀牛”事件。“灰犀牛”事件作为那种大概率且影响巨大

的潜在危机，并非随机突发的，而是起初未引起人们重视，逐渐积累而成。防范“灰犀牛”事件，就是要防患未然。要有科学分析研判的能力，善于透过复杂现象把握本质，及早发现潜在的风险，抓住要害、找准原因、果断决策，有效予以处理。二是要防范“黑天鹅”事件。“黑天鹅”事件作为难以预测且不寻常的事件，通常会引起连锁负面效应甚至带来颠覆性灾难。从唯物辩证法的视角看，“黑天鹅”事件是事物发展过程中由非本质联系引起的不确定现象或偶然现象。它提示我们，有些风险，比如自然灾害、国际风险等，往往超出我们的预料。对于此类风险，该如何应对？那就要下好先手棋，打好主动仗，做到有备无患。①

（三）全面研判，认清各方面风险隐患的发展趋势和相互关联

预防和化解重大风险，必须严防不同领域风险之间的交互作用和效应叠加，即我们常说的“蝴蝶效应”。“蝴蝶效应”指的是蝴蝶扇动翅膀所引发的连锁反应可能会引起风暴，即在一个复杂的敏感系统中，原本在简单系统下完全可以忽略不计的微小扰动，就有可能被逐级放大，导致系统性质发生根本改变。“蝴蝶效应”是一种常见的社会现象，特别是在互联网时代，各种风险往往不是孤立出现的，很可能相互交织并形成一个风险综合体，例如：一个小风险有可能演变成为重大风险，一些谣言传闻会让“茶杯里的风波”变成全社会的风暴。要预防不同风险的叠加效应，就必须加强对各种风险源的全面调查研判，认清各方面风险发展趋势和相互关联，敏锐把握风险传染、转化、联动规律。各级党委和政府要增强责任感和自觉性，不仅要把自己职责范围内的风险防控好，还要对各种可能发生的风险及其原因心中有数，出手及时有力，确保发现在早、防范在先、处置在小，力争把风险化

① 参见王东峰等：《全面提高防范化解重大风险的能力》，《求是》2019 第 4 期。

解在源头，不让小风险演化为大风险，不让个别风险演化为综合风险，不让局部风险演化为区域性或系统性风险，防止不同领域风险之间发生连锁反应。

四、切实提高防范化解重大风险的斗争精神和斗争策略

习近平总书记强调："防范化解重大风险，需要有充沛顽强的斗争精神。"① 在重大风险面前，主动迎战才有生路，逃避退缩只能是死路一条。要培养斗争精神，始终保持共产党人敢于斗争的风骨、气节、操守、胆魄。要加强斗争历练，增强斗争本领，永葆斗争精神，以"踏平坎坷成大道，斗罢艰险又出发"的顽强意志，应对好每一场重大风险挑战。

（一）敢抓敢管、善抓善管，以强烈的担当意识和斗争精神切实做好防范化解重大风险各项工作

防范化解重大风险是一场伟大斗争，关系党和国家事业兴衰成败。在防风险的征途上，必然会有各种拦路虎、绊脚石，必然会有许多艰难险阻，需要有充沛顽强的斗争精神。一是敢于斗争。斗争精神是主观能动性的一种表现形式。我们党是在斗争中诞生、成长、壮大的，斗争精神早已融入党的血脉。实践证明，防范化解重大风险，躲避退缩会酿成更大风险，主动迎战、敢于斗争才可能成功。二是敢于担当。敢于担当、勇于担责是敢于斗争的前提。习近平总书记强调，干部敢于担当作为，这既是政治品格，也是从政本分。党的干部要以对党忠诚、为党分忧、为党尽职、为民造福的政治担当，以守土有责、守土负责、守土尽责的责任担当，面对大是大非敢于亮剑，面对矛盾敢于

① 《提高防控能力着力防范化解重大风险　保持经济持续健康发展社会大局稳定》，《人民日报》2019 年 1 月 22 日。

迎难而上，面对危机敢于挺身而出，面对失误敢于承担责任，面对歪风邪气敢于坚决斗争，永葆斗争精神，以“踏平坎坷成大道，斗罢艰险又出发”的顽强意志，应对好每一场重大风险挑战。三是具有斗争能力。防范化解重大风险是一项艰巨复杂的政治任务，党员干部既要有勇气，还要有能力。这就需要增强斗争本领，做到智勇双全，敢斗争、会斗争。党员干部必须增强理论武装，深入学习马克思主义基本理论，深入学习习近平新时代中国特色社会主义思想，深入学习贯彻习近平总书记重要指示批示和党中央决策部署，坚持在学中干、干中学，练就一身驾驭和应对风险的真本领。

（二）要讲究斗争策略，把防范化解重大风险工作做实做细做好

提高风险化解能力，透过复杂现象把握本质，抓住要害、找准原因，果断决策，善于引导群众、组织群众，善于整合各方力量、科学排兵布阵，有效予以处理。完善风险防控机制，建立健全风险研判机制、决策风险评估机制、风险防控协同机制、风险防控责任机制，主动加强协调配合，坚持一级抓一级、层层抓落实。坚持守土有责、守土尽责，提高防范化解重大风险的斗争策略。一是重在稳字。稳中求进是治国理政的重要原则，也是防范化解重大风险的基本遵循。要立足“稳”这个大局，牢牢把握稳中求进工作总基调，坚持全方位“稳”字当头，时刻绷紧防范风险这根弦，更加注重稳住社会面、稳住人心，确保国家安全和社会大局稳定。二是重在国内。统筹国内国际两个大局、以国内为主，是防范化解重大风险的主攻方向。要保持战略定力，把工作基点放在办好自己的事情上，树立人心安定是最大政治的理念，下大力气解决好人民群众切身利益问题，不断增强人民群众的获得感、幸福感、安全感，筑牢抵御各类风险的“压舱石”。三是重在抓早。抓早是防范风险产生现实危害的有效途径，也是以最小代价取得最大效

果的重要策略。风险未发，要小心防范；一旦降临，就要及早化解。要立足于防范在先、发现在早、处置在小，把着眼点放在前置防线、前瞻治理、前端控制、前期处置上，强化预测预警预防，将矛盾消解于未然、将风险化解于无形。四是重在变量。减存量、控增量、防变量是防范化解风险的三大环节。鉴于新形势下风险多元多样多变，我们必须更加注意防变量。要坚持问题导向，有效化解历史遗留累积的存量问题，着力管控新形势下出现的增量问题，坚决遏制各类矛盾问题交叉感染叠加升级产生的变量问题，确保风险不累积、不扩散、不升级。五是重在治本。防范化解风险，必须坚持标本兼治、重在治本。要透过现象看本质，善于抓住源头、抓住要害，实行综合治理，从根本上解决风险背后的深层次问题。要克服头痛医头、脚痛医脚的不良倾向，防止解决问题不彻底留下后患，导致反弹反复。

五、持续提升防范化解重大风险的本领能力

驾驭政治安全风险本领是一个必须增强的政治本领。要深入学习掌握习近平总书记关于防范化解重大风险的理论思维、科学方法、战略策略和实践要求，弘扬斗争精神，着力提升发现、防范、化解重大政治安全风险的能力，牢牢掌握维护国家政治安全的主动权。一是提升公共资源统筹能力。要充分发挥党的领导政治优势和社会主义制度优势，推动党政军民齐动手，构建党委领导、多方参与、社会协同的维护国家政治安全工作新格局。要综合运用政治、经济、外交、法律等各种手段，打好维护国家政治安全整体战、持久战。要积极探索专群结合的新途径新办法，加强国家安全人民防线建设，打好维护国家政治安全人民战争。二是提升政策策略谋划能力。把坚定的政治立场、正确的政策策略和科学的方法手段结合起来，善于谋牌、巧于做牌、精于打牌。正确区分和处理两类不同性质的矛盾，打击极少数，挽救

教育大多数，化消极因素为积极因素。统筹国内稳定与国际影响的关系，依法妥善处理重大敏感问题，努力占领法律、道义、舆论制高点。把握打击处理时、度、效，确保政治效果、社会效果、法律效果相统一。三是提升法治运用能力。加强国家政治安全领域立法工作，加快完善中国特色政治安全法律制度体系。善于运用法治思维和法治方式解决影响国家政治安全的突出问题，坚决依法打击各种危害国家政治安全的违法犯罪活动。四是提升现代科技应用能力。发挥现代科技信息技术作用，大力推进智能化建设，加强对涉及政治安全风险的监测、预警、处置，严防形成现实危害。五是提升舆论引导能力。做大做强做响政法新媒体，探索完善政法网军体制机制建制，打造强大的政法网军，努力打造网上意识形态领域斗争第一方阵排头兵，有力维护网络意识形态安全，更好服务党和国家工作大局。

六、不断完善防范化解重大风险的体制机制

习近平总书记强调，要建立健全风险研判机制。定期对分管地区、分管领域的风险因素和苗头进行全面排查、深入研判，有针对性地制定应对策略。要建立健全决策风险评估机制，重大决策要慎之又慎，把防范风险放在重要位置，作任何决策都要把风险评估作为必经程序。要建立健全风险防控协同机制，建立风险信息及时互通共享机制，主动加强协调配合，形成合力。要建立健全风险防控责任机制，坚持一级抓一级、层层抓落实，坚决防止和克服层层推责。一是完善信息报告机制。对政府值守应急信息系统进行改造升级；拓展信息获取渠道，探索建立社会公众报送突发事件信息平台；丰富信息报送内容和手段，逐步增加图片、视频信息报送；依托各类基层信息员队伍，建立基层信息报送网络。二是健全应急联动机制。在突发事件防范与应对的各个环节，加强部门间应急联动机制建设，强化信息共享会商和应急协

作；服务国家区域发展战略，建立健全“一带一路”、京津冀、长江经济带区域性应急协调联动机制，完善首都公共安全保障机制，深入推进环渤海、泛珠三角、西部地区、东北地区等应急协调联动机制建设，有效整合和共享区域内应急资源，实现区域优势互补。三是加强应急新闻工作体制机制建设。建立健全党委政府统一领导、实际工作部门分工负责、宣传部门组织协调、新闻媒体积极参与的突发事件应急新闻工作体系。建设一支专业的应急新闻记者队伍，提升应急报道的专业化水平。四是完善信息发布机制。加强新媒体应用，及时回应社会关切，并根据事态进展动态发布信息；强化信息发布人员的专业性和权威性；加强领导干部和政府新闻发言人突发事件信息发布能力培训。五是规范恢复重建机制。加强灾害损失评估，完善评估标准和流程；落实“中央统筹指导、地方作为主体、灾区群众广泛参与”的要求，规范开展重特大自然灾害恢复重建规划编制和资金管理等工作。六是建立应急评估机制。建立委托第三方专业机构开展的突发事件应急处置评估制度，根据评估结果改进应急管理、健全应急体系。七是完善调查评估机制。八是健全资金投入机制。按照《中华人民共和国预算法》有关要求，加快资金拨付速度，提高财政应急保障效率；建立健全紧急情况下社会物资、运输工具、设施装备等应急资源的征用补偿机制，鼓励发展应急保理服务；引导社会资金参与应急体系项目建设。

七、注重提升风险防控的社会协同能力

习近平总书记在2019年春节团拜会上的讲话中指出，人民是我们执政的最大底气。党和国家事业发展的一切成就，归功于人民。只要我们紧紧依靠人民，就没有战胜不了的艰难险阻，就没有成就不了的宏图大业。我们务必始终坚持把依靠人民的理念落实到防范化解重大风险的具体工作中，着力增强人民群众防风险的意识，激发群众防风

险的积极性、主动性、创造性，……整合各方力量，科学排兵布阵，群策群力、群防群治，构建防范风险的强大社会网络。

（一）提升公众自救互救能力

推进公共安全宣传教育工作进企业、进社区、进学校、进农村、进家庭；开展交通运输、旅游、教育等行业从业人员救援能力专业培训；强化大中小学公共安全知识和技能培养；充分发挥“全国中小学生安全教育日”“5・12 防灾减灾日”“世界急救日”“119 全国消防日”“122 全国交通安全日”“安全生产月”等公共安全宣传活动作用，组织形式多样的身边风险隐患识别活动，开展公共安全知识普及，提升公众突发事件防范意识和自救互救能力；依托科技场馆、灾害遗址公园、应急培训演练基地、人民防空宣传教育场所、游乐体验设施等现有科普及教育培训等设施，建设一批公共安全教育基地。

（二）支持引导社会应急力量发展

要充分发挥社会组织作用，让社会组织成为政府的有力补充和“左膀右臂”。例如，“4・20”芦山地震发生后，四川省设立由省总工会、团省委、省妇联、省残联、省侨联、省科协等 6 家群团单位和省民政厅构成的社会管理服务组织，引导社会力量和灾区群众在抗震救灾及灾后恢复重建中有力有序发挥积极作用，取得了积极成效。

（三）强化应急管理科技支撑能力

整合各方面研究力量，加强应急管理关键技术研发，提高风险评估和预警信息发布的时效性和准确性；优化整合各类科技资源，开展综合应急管理相关标准、规范及技术研究等工作。

（四）大力推进应急产业健康发展

通过向社会公开购买服务，鼓励和引导自主创新能力强、处于行业领先地位的应急产品生产企业及大型应急处置设备的生产企业提供装备（设备）参与突发事件应急处置；探索推动培育一批应急处置专业化企业，逐步构建与国际接轨的“大政府、大社会”的应急处置格局。同时，要研究如何提升应急保障的社会化水平。具体包括：推动建立覆盖广泛的巨灾保险制度，建立健全多层次巨灾风险分散机制；鼓励保险公司开展相关产品和业务创新，为处置突发事件提供保险服务；鼓励公众投保相应的灾害保险，提高全社会抗风险能力。

后 记

习近平总书记在省部级主要领导干部坚持底线思维着力防范化解重大风险专题研讨班开班式上的重要讲话，深刻分析了我国改革发展稳定面临的新情况新问题新挑战，对着力防范化解重大风险、保持经济持续健康发展和社会大局稳定提出了明确要求，为我们切实做好防范化解政治、意识形态、经济、科技、社会、外部环境、党的建设等领域重大风险各项工作指明了前进方向、提供了重要遵循。面向未来，我们在前进道路上防范化解重大风险任务依然十分艰巨，必须坚持底线思维，把防范化解重大风险工作做实做细做好，切实有效维护国家安全，为全面建成小康社会、实现中华民族伟大复兴的中国梦提供安全环境保障。

为帮助广大干部深刻理解和全面掌握习近平总书记关于坚持底线思维防范化解重大风险的重要论述，中央党校（国家行政学院）应急管理培训中心组织编写了本书。本书由中央党校（国家行政学院）有关部门的同志共同编写。其中，中央党校（国家行政学院）应急管理培训中心（中欧应急管理学院）主任（院长）马宝成同志负责第一章，并完成全书统稿工作；中央党校（国家行政学院）国际战略研究院研究员孔世平同志负责第三、第七、第九章；中央党校（国家行政学院）公共管理教研部教授吕洪业同志负责第二、第六、第十章；中央党校（国家行政学院）研究室副教授马海龙同志负责第四、第五、第八章。由于水平有限，书中难免有疏漏和不足之处，敬请广大读者提出宝贵意见。

作者

2020 年 6 月